EXAMEN
DÉTAILLÉ

De l'importante question de l'utilité des places fortes et des retranchemens, dans lequel on rapporte toutes les objections militaires et politiques qu'on a faites contre leur usage et leur effet, tant dans le système des anciennes guerres, que depuis l'invention des armes à feu.

Les erreurs même cessent d'être dangereuses, lorsqu'il est permis de les contredire ; alors elles sont bientôt reconnues pour erreurs, elles se déposent bientôt d'elles-mêmes dans les abymes de l'oubli, et les vérités seules surnagent sur la vaste étendue des siècles.

Préface de l'Esprit.

À AMSTERDAM

DE L'IMPRIMERIE DE LA SOCIÉTÉ
VAN-HAERING ET DE VAN-KOESS.

M. DCC. LXXXIX.

INTRODUCTION.

L'HOMME improuve prefque toujours la loi, parce que la loi enchaîne toujours les paffions de l'homme. Cette guerre, fi jamais elle fut entièrement fufpendue, ce ne fut qu'entre l'homme entièrement fage et éclairé, et la loi la plus parfaite. Mais on peut penfer que ce font là deux êtres de raifon.

C'eft dans le moment où le légiflateur réforme d'anciennes règles avec lefquelles l'habitude nous avait familiarifés, pour leur en fubflituer de nouvelles qui multiplient ou qui changent nos obligations, qui pèfent davantage fur notre pareffe, fur nos jouiffances favorites ; qu'il s'élève de toute part des réclamations, et que chacun raifonne bien ou mal contre la loi qui le contrarie le plus, tandis qu'il applaudit à celle qui rend plus pefante la chaîne des obligations d'un autre. L'intérêt perfonnel divife alors les opinions. Le chaos, l'oppofition font fouvent tels que, fi le légiflateur voulait, pour accommoder fa légiflation à l'avis général, convoquer un aréopage de tous ceux qui condamnent fes difpofitions ; cette cour reffemblerait à ces jeux d'enfans dans lefquels, chacun cherchant à crier le plus fort, pour obtenir raifon quand fon intérêt ou fon plaifir eft compromis, l'on n'entend que des glapiſſemens confus, qui bientôt ſont ſuivis de querelles plus ſérieuſes, et de la diſperſion de la petite ſociété, dont chaque individu tire de ſon côté en remportant ſon enjeu. D'après un pareil réſultat, ſouvent confirmé par l'expérience, le légiſlateur pourrait appliquer à l'imperfection de ſes lois, et à l'impuiſſance des critiques de s'accorder pour en imaginer de meilleures, ce vers tant de fois répété :

La critique eſt aiſée et l'art eſt difficile.

Satisfaire les hommes, même en les ſervant, eſt une choſe rare ; les ſatisfaire en leur donnant des liens, eſt une choſe impoſſible. Chacun ſent la néceſſité d'une loi, mais chacun voudrait qu'elle n'exiſtât que pour les autres.

Faute de pouvoir faire mieux,

il eſt donc une infinité d'objets qu'on eſt forcé de ſanctionner, ſans égard au choc des opinions, ſans égard à cette roideur qu'oppoſent toujours plus ou moins à l'exécution de la loi, notre amour pour l'indépendance, notre pareſſe, notre avidité pour tout ce qui reſpire les plaiſirs, et notre haine pour tout ce qui leur porte quelque atteinte. Il en eſt d'autres qu'il faut ſanctionner, parce que ce ſont des problèmes qui, échappant aux calculs de la fpéculative , demandent à être confiés à l'expérience, pour qu'elle en prononce la folution. Il en eft encore qu'il faut fanctionner parce que, tenant à un bien dont l'évidence n'échappe qu'à la paffion ou à l'aveugle préjugé, ils font approuvés par tous les hommes qui en font exempts.

Mais il eft des difpofitions importantes qu'il faut réfléchir pendant long-temps avant de les confacrer ou de les détruire, et fur lefquelles il eft indifpenfable que le légiflateur admette les obfervations des hommes qui ont une relation directe avec elles , et qui par eux - mêmes font capables de cette analyfe froide et détaillée qui écarte le nuage de la prévention , pour permettre aux rayons de la lumière de frapper et d'éclairer leur objet. Cette attention eft furtout néceffaire pour ces changemens qui confiftent à détruire des agens dont la reproduction eft très-difficile ou impoffible , et dont l'effet porte effentiellement fur le repos, la puiffance, le bonheur d'un Etat. Heureux encore quand on trouve, dans l'analogie et dans l'expérience, des raifonnemens et des faits qui peuvent mener à un réfultat certain. Le légiflateur qui fe voit preffé dans fa marche par l'immenfité des objets qu'il eft forcé d'embraffer, ne peut fouvent pas s'appefantir affez long-temps lui-même fur l'une et l'autre pour approfondir chaque idée particulière. Le code le plus fimple demanderait de fa part un fiècle de combinaifons et d'étude. Privé de ce laps de temps, réduit au contraire à un efpace refferré, il confulte alors ces hommes accoutumés à méditer, et qui, comme dit *Helvétius*, voyant l'univers moral, ainfi que l'univers phyfique, dans une deftruction et une reproduction fucceffives et perpétuelles, peuvent apercevoir, comme lui, les caufes éloignées du renverfement des Etats. Il eft même de ces caufes qui, pour être prévues, n'ont pas befoin de l'œil d'aigle de l'homme de génie ; une vue commune peut les apercevoir avec quelque attention.

Dans ce moment où l'on réforme notre légiflation militaire, des préjugés particuliers, affez généralement accrédités, et qui ont formé l'objet de beaucoup de difcuffions fans qu'elles aient jamais fait éclorc de folutions fatisféfantes, propres à réunir les opinions, femblent s'élever de noûveau du centre de mille réflexions contraires les unes aux autres, et préparer quelque atteinte au fyftême de nos forces défenfives. On doit, dit-on, réformer beaucoup de villes de guerre ; et le principe fur lequel on fonde ce projet paraît porter fur le principe de l'inutilité prefque abfolue des fortereſſes , dont quelques officiers généraux penſent qu'on pourrait ſuppléer la force par des moyens moins onéreux et plus efficaces, en fondant l'eſpoir de cet effet ſur l'exemple et les préceptes de quelques grands-hommes de guerre.

Ainſi l'opinion de l'homme , toujours mal aſſiſe , toujours verſatile , juſque dans les objets les plus ſérieux , juſque dans la manière d'en-viſager la vérité même , ſait décrier dans un temps , ou au moins réduire en problème la propoſition que dans un autre il révérait comme un axiome.

S'il n'eſt point de bonheur ſans repos, et ſi le repos d'une nation dépend eſſentiellement des moyens défenſifs qui le lui aſſurent à un degré plus ou moins ſolide , il faut convenir qu'il n'eſt pas de queſtion plus importante que celle de l'utilité des places de guerre , dont les conſéquences doivent nous conduire néceſſaire-ment à leur accorder une plus ou moins grande influence dans notre ſyſtême de défenſive. Par les mêmes raiſons, il n'en eſt point ſur laquelle il ſoit plus néceſſaire de répandre la clarté de l'évidence , afin d'en déduire pour jamais des principes fixes.

Cependant cette grande queſtion n'a juſ-qu'ici été diſcutée par aucun moyen métho-dique et ſuivi. Des raiſonnemens vagues et épars, des exemples ifolés ou défigurés, font toutes les armes dont fe font fervi les combattans. Nous fommes arrivés au moment intéreffant où il convient de fuivre une autre marche. S'il fallait penfer que, pour prévoir le danger qui naîtrait du principe de l'inutilité des villes de guerre, il faut reffembler au fage pilote qui, tandis que l'équipage fe réjouit de l'éclat d'un beau jour, voit dans un léger nuage le grain qui va foulever les flots et produire la tempête, je n'aurais point entrepris d'en développer d'avance les réfultats. Mais, bien loin de là, je penfe que, pour les apercevoir jufqu'à l'évidence, il ne faut qu'un œil ordinaire et attentif, dont l'action foit dirigée avec cette bonne foi qui, dans des queftions de cette importance, devrait moins que jamais céder à l'efprit de parti, à des idées purement fyftématiques, ou bien à l'aveugle impulfion. C'eft d'après cette opinion, qui me montre dans la faibleffe de mes lumières et dans mes principes perfonnels des moyens fuffifans, que je vais effayer d'éclaircir cette grande queftion. Si je refte en deçà de mon but, ma bonne volonté et mes efforts encourageront peut-être quelque militaire plus favant que moi, à la traiter d'une manière plus profonde ; et, fous ce point de vue, ils n'auront pas été inutiles.

EXAMEN

DÉTAILLÉ

De l'importante queſtion de l'utilité des places fortes et des retranchemens, dans lequel on rapporte toutes les objections militaires et politiques qu'on a faites contre leur uſage et leur effet, tant dans le ſyſtême des anciennes guerres, que depuis l'invention des armes à feu.

LE principe de l'inutilité preſque abſolue des villes de guerre n'eſt point nouveau. A peine *Vauban* eut-il diſparu avec ſon génie de deſſus le vaſte théâtre où il jouait un ſi beau rôle, qu'on vit l'envie, dont les plus grands guerriers ne ſont pas toujours exempts, travailler à la ruine de ſa réputation et des travaux immortels qui la lui avaient méritée. Ne pouvant plus l'égaler, et bien moins encore le ſurpaſſer dans cette carrière particulière et difficile qu'il s'était tracée et frayée à lui ſeul, on penſait s'élever encore au-deſſus de lui, en le rabaiſſant avec l'utilité de ſes découvertes. L'amour de la gloire, ſoutenu de grands talens même, a ſouvent ſuivi cette marche tortueuſe pour ſe revêtir d'un faux éclat. On peut être un brave ſoldat, un grand général, un héros, ſans avoir l'ame vraiment grande et généreuſe : l'on tient quelquefois aux dieux d'un côté, tandis que de l'autre on tient encore, par les traits les plus marqués, à la fragile humanité. Oui, difons-le fans crainte d'infulter aux mânes des grands-hommes, fi l'ambition de la gloire eft capable de nous élever aux efforts les plus courageux et les plus utiles, elle eft auffi fouvent l'écueil de la juftice, des plus belles vertus morales, du patriotifme même, pour lequel elle femble s'agiter.

Quoi qu'il en foit, *Vauban* et fon art eurent des détracteurs, même de fon temps. Il était fouvent le feul de fon avis dans les confeils de guerre. Plus d'une fois il fuccomba fous les menées de l'intrigue; mais c'était toujours pour en recueillir plus d'honneur, parce que toujours l'intrigue, qui par-tout ailleurs peut efpérer de grands fuccès, trouvait fon écueil à la guerre, et qu'alors *Vauban*, appelé au fecours de la patrie, la fervait utilement, et reparaiffait avec fon génie, triomphant des contradictions et des obftacles, ne laiffant à fes compétiteurs que le regret et la honte d'avoir immolé de nombreufes victimes, le temps et les tréfors de l'Etat, à leur ambitieufe ignorance.

Tels feront toujours les combats que l'intrigue livrera aux talens; et tel fera toujours le triomphe de ceux-ci, quand ils n'auront pas été étouffés dans leur germe, dans leur naiffance; quand ils auront pu percer la foule pour fe faire connaître et fe rendre utiles. Mais c'eft ce paffage de l'obfcurité au grand jour, qui demande de leur part une conftance opiniâtre dans les efforts les plus difficiles. Quoique le fiècle de *Vauban* fût fertile en circonf-tances qui leur étaient favorables, je le répète, ils

n'en reçurent pas moins des atteintes dans la per-
sonne de ce grand-homme. Il est sans doute étonnant qu'aujourd'hui encore on voye jusqu'au plus
faible écolier de l'art militaire porter sur ce front
vénérable sa main envieuse et profane, pour essayer
de lui arracher un laurier ; mais l'impudence et la
présomption ne savent-elles pas, dans tous les temps,
défigurer les dieux mêmes ? Cette frénésie, par laquelle
on croit sans doute encore marcher à la célébrité
par un effort au moins désobligeant, et purement
destructif, a été récemment poussée jusqu'au scan-
dale. Lorsque j'arrête un instant ma pensée sur ces
tentatives, et que je mesure la hauteur des êtres
qui s'y livrent ; en portant ma vue en arrière vers
les siècles des sept merveilles, il me semble voir un
méprisable essaim de quelques moucherons grecs,
se liguer en bourdonnant pour préparer la chute du
célèbre colosse de Rhodes.

Il n'en est pas de même de ce qu'ont dit, contre
l'utilité des places fortes, des généraux dont l'opinion acquiert un grand poids par l'éclat de leurs
victoires, et qu'il serait très-pardonnable à tout
officier qui n'aurait point été à portée d'approfondir
la question par lui-même, d'avoir pris pour la
base de la sienne, surtout dans un siècle où nous
jugeons plus souvent par impulsion et par esprit
de parti, que d'après un examen laborieux qui
demande des connaissances qu'on se plaît à croire
inutiles, et qu'on aime à négliger.

Il est vrai qu'on pourrait opposer aux maximes
du maréchal de *Saxe*, sur cet objet, les maximes
contraires de *Montecuculi* et d'autres généraux d'ar-

mées qu'on peut placer à la même hauteur; mais
en réfléchiſſant auſſi que parmi les maximes contraires, appuyées ſur des autorités égales, on con-
ſerve la liberté de choiſir celle qui ſe rapproche le
plus de nos préjugés perſonnels; qu'il ne ſaut d'ailleurs jamais conſacrer une maxime qui ne porte
point avec elle l'évidence d'un axiome, comme
une loi abſolument bonne et générale, à moins
qu'elle ne ſoit démontrée, dût-elle même avoir
été prononcée par un grand-homme ; j'ai toujours
penſé que le choc des opinions, ſur la plus ou
moins grande utilité des villes fortes, méritait une
diſcuſſion bien approfondie, et plutôt appuyée ſur
des faits que ſur des moyens purement oratoires.
Tout militaire éclairé ſera de mon avis, s'il fait
attention que c'eſt cette oppoſition de principes qui
eſt néceſſairement une des cáuſes qui concourent à
établir, parmi nos militaires, un tel indifférentiſme
ſur les connaiſſances de la fortification, que les
ordonnances, cependant ſi ponctuellement exécutées
dans tous les autres points, n'ont encore pu en
triompher. Tout ce qui regarde cet objet, un des
plus intéreſſans de l'art de la guerre, reſte ainſi ſans
exécution. Vainement le gouvernement a-t-il bien
vu, bien ſtatué ; l'on borne généralement les connaiſſances des officiers particuliers au maniement
des armes, dont la mécanique préciſion eſt auſſi
étrangère à l'art militaire qu'un joli maintien l'eſt
à la force du corps ; à quelques manœuvres, que
l'homme le moins intelligent faiſit et exécute en
peu de temps ; enfin à la diſcipline qui n'exige d'un
côté que de l'obéiſſance, et de l'autre ſeulement

quelques foins journaliers, avec une fermeté fagement dirigée. Il faut encore, il est vrai, que quelques-uns fachent furveiller un tailleur, un cordonnier, des boulangers, et cela est véritablement effentiel pour la propreté, l'ordre, l'économie. Mais pourrait-on penfer qu'il foit plus important dans notre métier *de connaître les dimenfions d'un habit, à un tiers de ligne près*, que d'être inftruit de la manière de conftruire, d'attaquer et de défendre un retranchement ? Ce ferait un étrange aveuglement de l'efprit de fyftême.

Que cette opinion fe foit accréditée parmi la jeuneffe qui n'a aucun moyen de l'approfondir et de s'éclairer davantage, c'eft ce qui n'eft point étonnant : l'art de la fortification exige une application férieufe, il tient de près à quelques connaiffances abftraites, qui demandent plus de contention que ce qui n'eft que relatif au fervice journalier de nos garnifons ; mais qu'aucune voix fupérieure ne s'élève pour nous ramener à des efforts plus grands et plus utiles encore, pour tracer leur marche, pour donner à notre activité un aliment dont le défaut deffèche et paralife le corps militaire dans une partie effentielle à fa force, à fa gloire ; c'eft ce qui ne peut être que l'effet d'un préjugé général et raifonné, contre lequel les connaiffances même femblent craindre de s'élever, mais qu'il doit cependant être permis à tout citoyen de combattre avec énergie comme un ennemi de l'Etat.

Un des pas les plus dangereux que ce préjugé ait pu tenter, c'eft celui de préfenter au gouvernement comme utile, le projet de la réforme d'un

certain nombre de nos places de guerre. On paraît
s'y être enhardi par ce goût imitatif qui veut aujour-
d'hui nous affimiler en tout à des nations qui , par
leur pofition , leur politique , leur puiffance , leur
organifation et leur efprit même, différent cependant effentiellement de nous.

Ce premier pas fait, on verrait bientôt les principes des anti-fortifians pouffer leurs progrès jufqu'au mépris entier de la force protectrice de nos
meilleurs boulevarts ; on verrait s'établir fur leurs
ruines ces armées nombreufes qui énervent les
Etats en nuifant aux mœurs , à la population , à
l'agriculture, à tous les arts de première néceffité,
en abforbant des fommes immenfes ; ces armées
enfin, qui font le défefpoir de ces nations mêmes
que nous cherchons à copier , tandis que de leur
côté elles nous trouvent , en ce point furtout ,
d'excellens modèles qu'elles voudraient bien imiter
à leur tour , fi elles poffédaient les moyens de les
fuppléer comme nous , par des tas de pierres éternels et difpofés avec art.

Cette marche paraît en effet indiquée. En confervant quelque circonfpection dans ce premier inftant ,
ce n'eft peut-être que par un refte de cette efpèce
de refpect qui nous faifit à l'afpect de nos fiers boulevarts ; refpect mêlé d'une fainte terreur dont un
vrai militaire peut difficilement fe défendre , et qui
femble nous annoncer combien ces édifices font
redoutables à l'ennemi , et conféquemment chers
et facrés à la patrie. Mais une fois ce fentiment fur-
monté , n'en doutons pas, la marche de l'efprit réfor-
mateur ferait plus rapide : pour fe débarraffer de cette

branche de l'art militaire , on la couperait tout-à-
fait. Qui fait fi l'on n'irait pas plus loin encore ? Un
novateur qui voudrait ne faire rouler toute la défenfe
de l'Etat que fur fes talens" feuls , fur les moyens
exclufifs de l'infanterie et de la cavalerie , ferait
encore aifément tenté de porter la réduction dans notre
fuperbe et formidable artillerie , en perfuadant qu'on
pourrait la fuppléer, du moins en grande partie, dans
les régimens mêmes , dès qu'il ne ferait plus queftion
de manœuvrer fouvent du canon de fiéges.

Je ne fuppofe néanmoins actuellement ces vues
à perfonne. Je ne les regarde que comme la fuite
progreffive et néceffaire de tout fyftême qui ceffe
d'être combattu , et qui peut étendre librement fon
effor , après que les premiers obftacles font vaincus.
Sans qu'on l'ait d'abord prévu foi-même , l'abfence
de ceux-ci invite alors à dépaffer les limites au-
delà defquelles on n'avait d'abord pas l'objet de
fe porter. Tel eft l'effet que l'on a toujours reconnu :
l'enthoufiafme fyftématique n'eft-il pas le plus indif-
cret , le plus dangereux de tous ? Combien le grand
Frédéric ne le craignait-il pas fur les plus petits
objets , dans la conftitution de fes armées.

Effayons donc d'élever un obftacle à de femblab-
bles progrès. Que cet obftacle ne foit point pris
dans l'efprit de parti, dans cette prévention aveugle
qui , marchant d'un pas trop préfomptueux vers les
opinions extrêmes , donne fi facilement les fpécieux
fophifmes par lefquels elle fe trompe elle-même ,
pour des raifonnemens concluans dictés par la fageffe.
Attachons-nous aux faits , à la vérité envifagée fous
toutes fes faces ; puifons dans la fource abondante

de l'hiſtoire , parcourons rapidement des ſiècles et des monarchies différentes ; analyſons les événemens avec cette attention froide et cette bonne foi qui éloignent les ſurpriſes et les ſubtilités ; enfin rapportons généralement toutes les objections militaires et politiques qui ont été faites ſur l'utilité des places fortes et des retranchemens , pour les placer dans un jour propre à les éclairer , et leur, oppoſer enſuite les idées ſaines qui les détruiſent. On verra ce qu'a pu , dans tous les temps , le pouvoir répulſif des villes de guerre ; combien ſerait dangereux et frêle le ſyſtême qu'on pourrait édifier ſur leur ruine partielle ou totale ; combien enfin l'art de la fortification doit être ſoutenu et protégé, particuliérement ſur les limites heureuſes de la France , où la nature ſemble l'appeler à ſon ſecours, ou l'inviter à la ſuppléer , en lui diſant : Déployez. vous ſur certaines parties, j'embraſſerai la défenſe du reſte , et nos efforts réunis rendront auſſi durable que nous , cette monarchie dont la magnifique grandeur peut mépriſer l'eſprit de conquête , qui n'a jamais convenu qu'à la mauvaiſe foi ou bien à la faibleſſe.

La diſcuſſion dans laquelle je vais entrer me force d'être plagiaire : mes armes ſeront quelquefois empruntées ; mais ce ſera un bien , ſi elles n'en ſont que d'une meilleure trempe. Je ne dois à la vérité, que d'en faire la confeſſion ; et j'avoúe ſans répugnance que je me ſers d'un mémoire que le haſard m'a procuré il y a pluſieurs années. Je n'en connais pas l'auteur; mais puiſqu'il eſt français, il ſera aſſez patriote pour ne pas m'accuſer d'en faire ici un uſage profane.

Avant

Avant d'entrer en matière, je dois obferver d'une
manière générale que ce qui eft vrai à l'égard de
la fortification permanente, l'eft néceffairement auffi
pour la fortification de campagne. L'objet de la
fortification eft conftamment le même : les avantages
et les inconvéniens font communs à toutes les
applications de fes règles. Si une ville forte diffère
d'un camp retranché ou d'un retranchement quelconque, ce n'eft que par fon étendue et fa folidité :
la forme des tracés, la hauteur des reliefs doivent
changer dans l'une et l'autre en raifon de la nature
du terrain fur lequel on s'eft établi, et de celle du
fîte dont on eft entouré ; les modifications variables
qui les diftinguent, à quelques égards, n'entraînent
que la néceffité de varier la force du corps deftiné
à agir, et d'employer des armes plus ou moins
puiffantes. On peut dire que le rempart d'une ville
de guerre n'eft autre chofe qu'un retranchement
revêtu en maçonnerie, pour réfifter à la fois aux
efforts de la groffe artillerie et aux efforts du temps ;
l'on peut dire de même qu'un retranchement en
terre eft véritablement une fortereffe, dont l'objet
n'exige qu'une exiftence paffagère ; une fortereffe
qui tire fon principal effet des circonftances locales,
et des moyens particuliers qu'on a imaginés pour
remplacer, contre une arme moins puiffante, cette
force qu'une ville de guerre tient de la nature de
fes revêtemens et de la profondeur de fes foffés. Cet
axiome pofé, énonçons fucceffivement les différentes
objections, et répondons par ordre à chacune féparément.

B

DISCUSSION.

DES militaires ont avancé que *le maître de la campagne eſt auſſi le maître des places.*

Cette propoſition, priſe à la rigueur, eſt vraie, parce qu'elle ſuppoſe que la place aſſiégée eſt abandonnée à elle-même, ſans eſpoir d'aucun ſecours capable de réparer ſes conſommations ; le terme de la réſiſtance eſt alors plus ou moins limité.

Mais pour qu'une place aſſiégée ſe trouve dans cette poſition, il faut le concours d'un grand nombre de circonſtances qui ne ſe rencontrent jamais, quand le général qui tient la campagne pour veiller ſur les opérations offenſives de l'ennemi, eſt attentif à contrarier leurs progrès, et ſage dans l'emploi des moyens qu'il poſsède.

On doit faire attention que la circonvallation de la plus petite fortereſſe, n'a pas moins de cinq lieues ou de douze mille toiſes de développement. Sa défenſe établie ſur l'ordre le plus mince, ſur cet ordre auquel je ne voudrais jamais confier le ſort d'un retranchement, en un mot, ſur celui de deux hommes par toiſe, exige conſéquemment au moins une armée de vingt-quatre mille hommes. L'attaquant ne peut donc ſe montrer en force ſur tous les points environnans, pour repouſſer à la fois les ſorties et les ſecours, qu'avec des moyens dont le prix n'eſt jamais compenſé par les avantages du ſuccès, ou bien lorſqu'il combat un ennemi très-affaibli par une ſuite de revers ; car, ſi vous ajoutez à l'idée de l'étendue d'une circonvallation, celle de la ligne de contrevallation ; fi à l'ordre trop mince vous fubftituez un ordre folide et ferré fur deux rangs ; fi vous convenez de la néceffité de quelques corps de réferve , et fi vous fuppofez encore, ce qui arrive toujours, qu'au moment où l'armée de fecours attaque une de ces lignes, la garnifon fait , par une fortie générale , le plus vigoureux effort fur l'autre ; voyez ce qu'il faudra ajouter à la force de vingt-quatre mille hommes pour réfifter à un pareil combat. Quoiqu'on puiffe fuppofer que quelques obftacles naturels , fournis par les localités , produiront une épargne de combattans , le réfultat que vous donnera ce calcul fera effrayant. Il vous fera connaître, par une efpèce d'impoffibilité de fatisfaire à tant d'objets à la fois , qu'une armée affiégeante eft dans une difproportion néceffaire , et plus ou moins grande, avec fes retranchemens , de laquelle réfulte néceffairement auffi pour elle un état de faibleffe plus ou moins grand , qui la menace d'une défaite prefque certaine , dans le cas où elle reçoit les attaques de l'ennemi dans cette difpofition. Alors les mefures de l'attaquant font bientôt rompues : un corps fe préfente pour forcer cette barrière fi frêle par fon immenfe étendue, et ce corps pénètre à la ville affiégée, avec tous les fecours néceffaires pour remettre les chofes dans leur premier état. L'affiégeant eft alors forcé de raffembler fes troupes éparfes, et perd ainfi fon empire. C'eft à la faveur d'une telle manœuvre que le comte d'*Harcourt* , général trop déprécié par *Feuquières* , fe jeta dans Cognac , malgré les efforts du grand *Condé* qui fe vit forcé d'en lever le fiége. Il eft rare qu'une armée de

B 2

circonvallation évite une entière défaite , lorfqu'elle
eft attaquée avec vivacité et avec intelligence. *Condé*
vainquit *Fuentes* affiégeant Rocroi ; *Turenne* vainquit
Condé et lui prit cent pièces de canon dans les lignes
environnantes d'Arras. *Condé* battit à fon tour
Turenne dans celles de Valenciennes ; *Turenne* con-
traignit encore *Condé* à lever le fiége de Saint-Guilain.
Condé jeta des fecours dans Cambrai , et *Turenne*
décampa ; enfin *Turenne* fe venge de nouveau, en
fefant lever à *Condé* le fiége d'Ardres et celui du
fort de Mardick. C'eft donc conftamment le général
développé fous une ville de guerre pour en faire
le fiége , qui fe voit vaincu par le général qui fe
préfente à lui dans un ordre folide pour la fecourir.
Cet effet, fi frappant dans l'oppofition des deux plus
grands généraux qui aient commandé les armées
françaifes , ne s'eft prefque jamais démenti , parce
qu'il eft rare que l'on puiffe proportionner l'étendue
et la forme d'une ligne de circonvallation , toujours
foumife en tout à la nature du local , à la force du
corps de troupes que l'on veut employer à fa défenfe.
C'eft de ce défaut , qu'on évite par-tout ailleurs ,
que les villes de guerre tiennent une partie effentielle de leur force.

Le prétendu maître de la campagne eft donc
bientôt réduit lui-même à une défenfive très-défa-
vantageufe , et cet empire, fur lequel il fonde l'efpoir
de la reddition des places, eft inftantané , illufoire ,
purement chimérique.

De cette vérité réfulte très-évidemment ce principe oppofé à celui que nous combattons : *on n'eft*
maître de la campagne, qu'après avoir vaincu les villes

fortes qui la protégent. Après la bataille de Coni, l'armée victorieuse fut arrêtée dans ses progrès par la ville de ce nom, et forcée de quitter bientôt la plaine dont elle venait de faire la conquête.

La soumission d'une grande partie de l'Autriche, dit un auteur qui me fournit cette réflexion, ne valut pas à l'empereur *Charles VII*, celle de Vienne; mais Vienne, qui n'est cependant pas une ville bien fortifiée, obligea *Charles* de se retirer, et d'abandonner les provinces dont'il s'était rendu maître avec tant de facilité. On peut remarquer à ce sujet, que les progrès de ce prince avaient été très - rapides tant qu'il n'eut point de remparts à attaquer, et que ses pertes le furent tout autant, parce qu'il n'en avait pas à opposer à ses ennemis : l'histoire fournirait des volumes de faits de cette nature.

On cite en opposition de ceux que nous rapportons, *les suites de la bataille d'Arbelles, de la victoire de Paul-Emile, de la journée de Pharsale et de celle d'Actium, après lesquelles les villes fortes ouvrirent leurs portes aux vainqueurs;* et l'on ajoute, que *les batailles gagnées ou perdues en Italie par les Français, ont toujours décidé de la conquête ou de la perte de cette contrée.* Mais cette citation ne peut entraîner que l'ignorance ou la bonne foi de ceux qui admettent des preuves sans les analyser. Ne les imitons pas ; examinons.

Deux victoires complètes et signalées avaient précédé celle qu'*Alexandre* remporta sur *Darius* dans les champs d'Arbelles : le combat du Granique avait coûté plus de quarante mille hommes au roi de Perse ; celui de la Cilicie lui en avait coûté cent dix mille : le monarque grec n'avait encore perdu que huit cents macédoniens.

Dans cet état des chofes, *Darius* agit comme un géant mal-adroit qui lèverait une énorme maffue pour écrafer un lilliputien : il raffembla tous fes foldats en une feule armée qu'il jugeait invincible, parce que, dans la comparaifon qu'il fefait de fes forces avec celles de fon ennemi, malgré fes revers, il ne comptait encore pour rien les talens militaires. Il arriva alors que l'énormité même de cette maffe à laquelle il ne pouvait donner une bonne direction, contribua à fa perte ; que loin de porter quelque atteinte à l'armée grecque, celle-ci lui égorgea au contraire quatre cents mille foldats. Après une défaite auffi complète, il lui reftait encore trente mille hommes ; mais au lieu de chercher, dans cette pofition, à difputer les villes fortes au vainqueur, en s'y renfermant avec les faibles débris de fes troupes, il méprifa cette reffource qui pouvait encore fauver fon empire chancelant, préférant de s'enfuir vers la Bactriane, dans l'efpoir de recruter de nouvelles forces. On fait combien cette conduite lui a été funefte : Les trente mille hommes qui fuyaient avec lui, étaient autant d'affaffins vendus à l'ambition de *Beffus*, et qui aidèrent, à cet odieux fatrape, à confommer le plus affreux régicide dans la perfonne de ce malheureux prince : tels font les faits et la chaîne qui les lie.

C'eft ainfi que les villes fortes de la Perfe ont été rendues inutiles à l'objet de fa défenfe. Cette inutilité n'a été que le réfultat de la mal-adreffe du prince qui dirigeait les opérations, et qui n'a pas fu mettre à profit le fecours qu'elles lui offraient.

Une armée devient inutile de la même manière en rendant les armes fans combattre. Qui penfera jamais que la meilleure épée, puiffe être un inftrument de victoire en des mains paralytiques?

Darius mort, fes armées détruites ou difperfées, *Alexandre* n'avait plus d'ennemis à vaincre : les provinces et les richeffes immenfes de cet empire, tout était à lui. Qui aurait eu intérêt à les lui difputer? était-ce le peuple auquel il s'annonçait avec cette générofité qui attire, auquel il offrait la paix, la liberté, le bonheur? était-ce ce peuple intimidé par la rapidité de fes fuccès, ébloui par l'éclat de fa gloire, féduit par une douceur adroite et apparente, refté fans maître? était-ce ce peuple enfin, auquel la main qui recevait le tribut qu'il payait, et l'organe qui lui dictait des lois, étaient, dans ces temps reculés et dans les gouvernemens defpotiques, prefque toujours indifférens? Eh! non fans doute; ce peuple devait ouvrir les portes au vainqueur, et ne point chercher, fans intérêt, dans de nouveaux combats, des périls et des malheurs dont la deftruction totale de l'armée grecque ne l'eût jamais dédommagé. Peu importait à la Perfe d'être déformais gouvernée, par un général de l'armée de *Darius*, ou par *Alexandre*, qui, par des promeffes et des bienfaits, cherchait déjà à déguifer ce que fes victoires avaient d'odieux; je veux dire cette injuftice et cette cruauté qui, dans fon opinion même, devaient flétrir fes lauriers.

Perfée vaincu par *Paul-Emile*, me préfente la même image que *Darius* vaincu par *Alexandre*. A peine l'action eft-elle engagée, que *Perfée* fuit déjà vers la ville de Pidne. Il apprend là que fon armée eft prefqu'entiérement détruite. Réduit à fe cacher pour échapper au vainqueur, il fe dépouille avec faibleffe de fon diadème, pour arriver plus furement dans l'île de Samothrace, où il cherche un afile dans le temple de *Caftor* et *Pollux*; mais il y eft bientôt fuivi, bloqué et pris par les Romains qui le chargent de chaînes ; enfin il eft traîné en prifon, où il meurt après avoir été mené à la fuite du char du conful, pour fervir de trophée à fa victoire. Son fils, l'héritier préfomptif de fa couronne et des tréfors immenfes que fon avarice avait accumulés, ne pouvant plus hériter que de fa honte, fe vit forcé de prendre un emploi fubalterne dans Rome.

Les Macédoniens, fans roi, fans général, fe foumirent volontairement au joug des Romains, plus dignes de les commander que le lâche monarque qui venait de les abandonner. C'eft ainfi qu'au bout de deux jours le domaine d'*Alexandre* devint une province romaine, et que *Paul - Emile* abattit le trône qu'avait occupé ce grand prince, comme ce prince avait fait tomber celui qu'avaient occupé les *Cyrus* et les *Xerxès*. L'acquifition de la Macédoine ne coûta que cent hommes à *Paul - Emile*, felon *Poffidonius*, et feulement quatre-vingts, felon *Scipion Nafica*.

La réddition des places de la Macédoine n'était donc pas fondée fur l'impoffibilité de les défendre avec fuccès. C'eft, comme je l'ai dit, un événement femblable au précédent ; c'eft encore une nation qui, ayant perdu fon chef, choifit pour lui fuccéder l'ennemi qui vient de fe couvrir de gloire et de

mériter fon eftime en triomphant de lui. Cette réfolution libre me paraît naturelle ; car je crois que les
defcendans des foldats d'*Alexandre* devaient embraffer
a une efpèce de joie, l'étendard de ce peuple de
héros qui, comme leurs aïeux, avaient pouffé leurs
conquêtes jufqu'aux extrémités de la terre.

Les fuites de la bataille de Pharfale me forcent
de me répéter encore : l'armée de *Pompée* y eft
détruite ; il fuit vers Alexandrie pour y implorer
les fecours du jeune *Ptolomée*, et, fur l'ordre qu'en
donnent les miniftres de ce prince, *Pompée* eft
affaffiné par *Achillas* et par *Septimus*.

La même conduite, le même état d'épuifement,
le même malheur perfonnel, en un mot les mêmes
circonftances devaient produire dans l'Empire romain,
la même révolution qu'elles avaient opérée dans le
royaume de Perfe et dans celui de Macédoine ; je
veux dire que les villes fortes du parti de *Pompée*
refté fans chef, fans appui, n'ayant aucun intérêt
de fe défendre, devaient fe foumettre à *Céfar*, comme
celles de *Darius* s'étaient foumifes à *Alexandre*:
Alexandre ne s'était montré ni plus grand ni plus
généreux que *Céfar*.

Remarquons enfin que la bataille d'Actium rentre
encore dans la claffe des événemens précédens, et
qu'elle devait conféquemment encore produire le
même réfultat. En effet, la victoire était balancée par
les efforts des deux armées navales, lorfqu'on vit tout
à coup d'un côté, le vaiffeau amiral qui fuyait à
toutes voiles pour gagner le large de la mer : c'était
Antoine qui, déformais plus amant que foldat, plus
jaloux des faveurs de la belle *Cléopâtre* que de fa

gloire, fe fauvait des dangers du combat, pour voler vers Alexandrie fe jeter dans les bras de la volupté. Il abandonnait ainfi fes vaiffeaux, fes amis, fes troupes ; il renonçait au métier de la guerre, l'honneur, à de vaftes projets qui avaient flatté fon ambition. On fait que bientôt après, accablé du poids de la honte qu'il s'était ainfi préparée lui-même, et trouvant encore plus de vide au fein de l'amour que dans le tumulte des armes, le défefpoir le porta à fe percer le cœur. C'eft ainfi que *Marc-Antoine*, après avoir tenté la carrière des héros, termina la fienne en homme méprifable et faible.

Après fa fuite, fes légions l'attendirent encore fept jours ; mais voyant enfin qu'elles étaient trahies par leur général, et n'ayant jamais eu pour déchirer le fein de leur propre patrie, d'autre intérêt que le fien, elles renoncèrent avec raifon à cet intérêt qu'il avait abandonné lui-même, pour céder à *Augufte* qui les fefait folliciter de paffer dans fon armée victorieufe. C'eft alors feulement que les villes qui tenaient encore pour *Antoine* prirent la même réfolution. Si cette conduite prouvait l'inutilité des villes fortes, celle des légions prouverait, à plus forte raifon, qu'il eft inutile d'avoir des armées, puifque l'armée d'*Antoine* s'eft foumife entiérement au vainqueur, même avant les places de guerre.

Arrêtons-nous un inftant pour remarquer la conformité frappante de la deftinée de ces quatre généraux : ils négligent également l'ufage des villes fortes et des retranchemens, et fe perdent tous fans reffource. On voit ici les mêmes caufes, je veux dire l'ineptie ou la peur, produire conftamment les mêmes effets : peut-on donc, de bonne foi, méconnaître la chaîne nécessaire qui lie les unes aux autres ?

Les combats dont nous venons de parler, ne font d'ailleurs pas les seuls dont la perte ait entraîné celle de tout un Etat démuni de forteresses. On remarque que, dans nos guerres modernes, on a vu *Frédéric palatin*, roi de Bohème, dépouillé de son royaume par la seule défaite de Weissemberg près de Prague, le 16 novembre 1620. Dans les campagnes de 1740, le roi de Prusse pénétra encore jusqu'à cette capitale en peu de temps, et l'on a observé que si le fort l'eût favorisé à la bataille de Colin, rien n'eût été capable d'arrêter ses progrès jusqu'aux portes de Vienne.

,, Ce ne fut que par de nombreuses armées, par des marches rapides et ruineuses, que la France répara en 1746, le défaut d'une place forte sur le Var.

,, Après la bataille de Poitiers, *Charles*, régent de France, ne crut pas devoir opposer un reste de troupes vaincues à une armée victorieuse. Chacun se renferma dans les places avec ses effets ; les Anglo-Gascons ne purent que courir la campagne, et retourner dans leur pays avec le peu de monde que les courses n'avaient pas dissipé.

,, *Louis XIV* n'aurait jamais eu la pensée de se retirer derrière la Loire, ni peut-être de risquer la bataille de Malplaquet, si les places de la Somme eussent été véritablement fortes.

,, Les Anglais ont craint que les places ne deviennent entre les mains de leurs rois, des instrumens d'oppression ; mais l'auteur de l'*Esprit des lois* observe que l'état de faibleffe qui réfulte de ce préjugé, fera peut-être une raifon de leur plus grande fervitude : l'Angleterre étant fans forterefles a été envahie trois fois en fix mois.

En mettant ces faits à côté de Syracufe qui fauve la Sicile, de Lérida qui fauve deux fois la Catalogne, de Rocroi, Arras et Toulon fauvant la France, et de tant d'autres villes qui ont garanti des Etats de l'invafion ; on eft néceffairement en droit d'en conclure que, lorfqu'on eft réduit à la défenfive, *il ne faut jamais confier fon fort à l'événement toujours prompt et douteux d'une bataille.* C'était l'opinion d'*Alexandre*. On fait que la nuit qui précéda la bataille d'Arbelles, ce prince dormait d'un fi profond fommeil qu'il durait encore plufieurs heures après le lever du foleil, tandis que *Darius*, plus inquiet et plus vigilant, difpofait déjà fes troupes au combat. Les gens d'*Alexandre*, effrayés de voir l'armée ennemie qui s'approchait, coururent l'éveiller avec précipitation, en lui témoignant leur étonnement d'une tranquillité fi déplacée : *Ne foyez point furpris,* leur dit-il, *fi je dors fi paifiblement ; Darius m'a délivré de beaucoup de foucis, puifqu'en ramaffant aujourd'hui toutes fes troupes en un corps, il a donné à la valeur le moyen de décider en un feul combat de toute notre fortune.*

Darius fefait donc une grande faute aux yeux d'*Alexandre*, et l'événement l'a en effet démontrée.

C'eft donc fous les défenfes des villes de guerre que les armées doivent attendre l'ennemi pour lui ôter fa fupériorité. Le même prince dont nous venons de parler ne dut la conquête de la ville de Thyr, qu'à la perfidie carthaginoife ; encore lui coûta-

t-elle davantage que celle de toute l'Asie. Si *Darius* et
Marc-Antoine avaient confié leur défense au pouvoir
répulsif des villes fortes, l'un aurait pu creuser un
tombeau à l'armée entière d'*Alexandre*, et l'autre
serait peut-être monté au capitole. Le héros de la
Gréce ne fut jamais blessé que sur des remparts. A
l'attaque des places, encore plus qu'ailleurs, il fesait
de puissans efforts pour donner l'exemple de ce
courage soutenu, sans lequel on ne peut rien contre
un ennemi bien retranché. Aussi jamais le gain d'une
bataille ne lui fit-il un plaisir semblable à celui qu'il
fit éclater, lorsqu'il vit venir à lui *Mazée* gouverneur
de la redoutable Babylone, qui, librement venait
lui remettre les clefs de cette forteresse, qu'il regardait comme capable de devenir la borne de ses conquêtes et de sa gloire, s'il avait été forcé d'essayer ses
armes contre elle.

Si dans nos guerres modernes et récentes encore,
les places ont en Italie suivi le sort des batailles, cet
effet tient à des circonstances politiques qui mettaient
les parties belligérantes dans l'impossibilité de les
défendre. Je développe cette idée en m'appuyant
toujours des principes de l'art militaire.

Pour défendre un pays il faut deux armées; l'une
dispersée dans les places fortes exposées aux attaques,
l'autre toujours agissante en plaine pour forcer l'ennemi lui-même à la défensive, en l'attaquant à propos
dans ses lignes d'investissement, afin de le contrain-
dre à la retraite, ou de porter des rafraîchissemens
aux assiégés.

Pour attaquer un pays fortifié il faut aussi deux
armées; l'une occupée à investir les places, l'autre

toujours en activité pour obſerver la marche des ſecours, et les combattre. Ce principe eſt une conſéquence du principe précédent. D'après la différence des objets à remplir reſpectivement dans l'attaque et dans la défenſe, il faut des moyens beaucoup plus puiſſans pour la première de ces opérations que pour la ſeconde; c'eſt ce qui eſt évident, et ce que nous avons déjà ſuffiſamment prouvé.

Cela poſé, il eſt important de ſe rappeller ici que les armées qu'on envoyait en Italie étaient ſouvent de part et d'autre trop faibles pour fournir, chacune de ſon côté, à ce double emploi. Etaient-elles dans les places; les places reſtées ſans eſpoir de ſecours aſſez prochains, et livrées à elles-mêmes, ſouvent ſans vivres et ſans munitions de guerre, ſe voyaient obligées de capituler. Etaient-elles dans la plaine; les places laiſſées ſans défenſeurs devaient néceſſairement encore ſuivre le ſort des batailles. On ſait d'ailleurs que lorſque la France n'a point pour elle le roi de Sardaigne, appelé avec raiſon le portier des Alpes, ſes communications avec l'Italie ſont ſoumiſes à tout le danger des défilés de cette barrière, ou bien au caprice des tempêtes et des vents contraires, joint aux inconvéniens des débarquemens faits en pays ennemi. Nos forces abattues par un revers, peuvent donc rarement être réparées dans la même campagne: on trouve peu de reſſources parmi des ennemis qui vous entourent de tous côtés, et qui combattent ſur leurs propres foyers. La ſeule campagne heureuſe que les Français ont faite en Italie, fut celle de 1734. Ils ont dû leurs ſuccès à leur alliance avec la Savoie. C'eſt cette eſpèce d'inacceſſibilité dont nous parlons, qu' a fait obferver au cardinal *Alberoni*, dans fon *Teftament politique*, que les rois de France doivent fe borner à la gloire de régner dans cette contrée, comme *Démetrius* régnait à Athènes, c'eft-à-dire, comme arbitres et pacificateurs.

Il faut ajouter encore que fi les places de l'Italie ont quelquefois fuivi, avec une forte de promptitude, le fort des batailles, c'eft parce que généralement elles n'ont pas les avantages des places fortifiées par *Vauban* ou par *Cochorn*. Elles font l'ouvrage des ingénieurs italiens qui ont édifié fur les principes des anciens fyftêmes, ou fur des principes qui leur étaient perfonnels, et defquels ne réfultait pas cet état de force qui caractérife les fortifications élevées en France, dans les Pays-Bas et en Hollande.

Indépendamment de cette caufe de leur faibleffe, il faut confidérer qu'il n'eft pas rigoureufement vrai qu'elles ont capitulé avec cette lâche facilité. Nous avons déjà cité la réfiftance de Coni qui détruit cette affertion. La citadelle de Milan a été affiégée quarante fois, dans lefquelles il en eft dix-huit où elle a repouffé des armées affiégeantes maîtreffes de la plaine. Lorfqu'il eft devenu impoffible de fuivre un bon plan de défenfive, c'eft un malheur politique étranger à l'utilité des places fortes. Ayez du canon; fi vous manquez d'attelages pour le mener à votre fuite, s'il s'embourbe, ou fi vous manquez de poudre et de boulets, cette arme fi redoutable n'eft plus que nulle et très-embarraffante.

Mais, dit-on encore, *en fuppofant même qu'une place foit capable d'une longue réfiftance, fi l'ennemi parvient enfin à s'en emparer, il s'établit dans l'Etat, il y poffède*

*une retraite, des magasins, des arsenaux ; ce qui a été
édifié pour la défense, devient un instrument de ruine, il
semble que l'on ait construit pour l'ennemi ; tandis que s'il
ne trouvait aucun lieu de sureté, il ne pourrait que ravager et passer outre.*

Je demande si un chevalier romain a jamais proposé
de quitter son bouclier et sa cotte d'armes, sur le
prétexte qu'il était possible qu'à l'issue d'un combat,
son ennemi l'en dépouillât pour s'en couvrir lui-
même. Quitterons-nous nos batteries qui ont souvent
été employées par nos ennemis à renverser nos propres colonnes ? Brulerons-nous nos vaisseaux, parce
qu'il en est vingt qui, conquis sous nos amiraux,
combattent contre nous dans les armées navales de
l'Angleterre ? Ne rendez les places qu'après les avoir
bien défendues, il ne sera pas facile de les mettre sur
le champ dans leur état de force primitif. Tous les
avantages sont toujours du côté du premier occu-
pant. D'ailleurs, lorsqu'une ville forte tombe entre
les mains des ennemis, si elle ne leur procure pas
l'avantage de les rendre les maîtres de la campagne,
il leur devient impossible de lui assurer sa sub-
sistance ; elle doit donc bientôt retomber à ses premiers
possesseurs. Et s'il est vrai qu'au défaut de posséder
des forteresses dans un pays conquis, on ne peut que
le ravager et passer outre, il est donc vrai en même
temps, qu'on ne peut conserver un pays conquis
qu'à l'aide des places fortes. Or, si l'on conserve par
leur moyen celui de l'ennemi même, à plus forte
raison peut-on donc aussi conserver le sien propre ;
d'où il suit que ma thèse est démontrée jusqu'à l'évidence, par le raisonnement même dont on se sert
pour la détruire.   On

On trouve, dit-on, *dans l'histoire, un grand nombre de remparts élevés pour tenir en respect la volonté des peuples, et l'on en compte autant d'abattus pour les empêcher de s'en servir contre la souveraineté. On s'est servi de moyens différens pour les mêmes fins; on regardait donc de tous temps la question de l'utilité des places comme problématique.*

Non, on ne regardait point cette question comme problématique; rien ne conduit à établir cette conséquence. La différence des moyens a été dictée par la différence des circonstances; je puis rendre ceci sensible par un exemple.

Je vous fais, en esprit, roi ou bien dictateur d'une république. C'est à vous dont je combats les erreurs que ceci s'adresse, et je suppose que, comme un second *Alexandre*, ou comme *Paul-Emile*, vous venez de soumettre un pays nouveau : votre conquête vous donne des sujets suspects, dangereux, qui supportent avec inquiétude le joug que vous venez de leur imposer, et qui vous laissent conséquemment lieu de craindre que leurs premiers efforts tendront à s'y soustraire. Que ferez-vous dans cette position des choses? vous imiterez *Drusus*, beau-fils d'*Auguste*, qui fit construire cinquante forts sur la rive gauche du Rhin, après la conquête des Gaules, pour tenir en respect les peuples voisins de ce fleuve; vous imiterez le héros de la Grèce qui fit bâtir une ville forte sur le Tanaïs, et plusieurs forts sur les frontières des Cosséens; puis vous confierez la garde de ces forteresses, non pas à ces mêmes Gaulois, à ces Allemands, à ces Cosséens que vous voulez contenir, mais à de

C

braves français, à des troupes fidelles dont les intérêts font essentiellement liés aux vôtres.

Mais si, au lieu d'avoir besoin d'établir ces postes, vous trouviez au contraire, dans le pays conquis, un nombre de forteresses déjà construites, et que, par des circonstances qui naissent souvent à la guerre, il vous fût impossible d'en confier la garde à vos propres troupes; je pense que vous vous hâteriez de les abattre, plutôt que de remettre ces armes puissantes en des mains que vous craignez, et qui ne manqueraient pas de s'en servir contre vous.

La possibilité ou l'impossibilité de garder un poste, voilà ce qui le rend utile ou nuisible; et voilà sur quoi l'on a toujours dû calculer l'érection ou la démolition des retranchemens. Il n'y a donc rien de problématique dans la question qui nous occupe; la solution en varie seulement comme les données. Si l'empereur a détruit quelques-unes de ses villes de guerre, le roi de Prusse en a bâti. Ces deux princes calculent peut-être également bien. Une place nécessaire aujourd'hui, peut cesser de l'être dans cent ans, lorsque les limites des Etats auront changé. Un Etat peut encore être tellement constitué par la nature de ses frontières et la dispersion de ses provinces, qu'il demanderait un nombre de places dont la dépense excéderait les moyens du prince qui le gouverne; car ce n'est par sur une place isolée qu'on peut établir un système solide de défensive, il faut une suite de forces qui s'appuyent et s'accroissent réciproquement. C'est d'un certain nombre d'agens sagement engraînés, que résulte une telle multiplication de la puissance, qu'un homme devient capable, à lui seul, de l'effort de vingt autres.

Parmi les objections que nous combattons, on compte pour une des plus démonstratives la suivante : *La force des places de guerre se réduit le plus souvent à une résistance de quelques mois; au bout de ce temps, quelquefois beaucoup plus court, elles capitulent et livrent à l'ennemi en détail, des troupes qui, rassemblées en plaine, auraient pu le combattre plus avantageusement.*

C'est donc, aux yeux des détracteurs de la fortification, un bien faible avantage que de posséder la faculté d'arrêter pendant quelques mois une armée de cinquante mille hommes, avec un corps de six mille seulement. Ils oublient qu'il y a cependant huit à parier contre un, toutes choses égales d'ailleurs, que celui-ci n'eût pas tenu contre une telle force deux heures en rase campagne. Qu'appelle-t-on livrer en détail? les places se prennent-elles donc avec une si rapide facilité? Il ne s'est jamais vu qu'un assiégeant ait réduit une garnison courageuse, bien commandée, bien approvisionnée, sans avoir sacrifié trois ou quatre fois plus de soldats qu'il n'en avait à combattre.

Sans retourner en arrière aux siéges d'Azot, de Jérusalem, de Syracuse, d'Egine, de Numance, de Platée, de Lilibée, et de tant d'autres villes non moins célébres dans l'histoire, par les défenses glorieuses qu'elles ont faites; sans nous arrêter, dis-je, à ces temps où l'on ne connaissait encore pour l'attaque des places que des armes trop faibles, auxquelles il était ordinaire de résister pendant dix ans; jetons feulement un coup d'œil fur les fiéges faits depuis l'invention de notre artillerie moderne.

Le premier objet qui fe préfente à mes recherches, c'eft *François I*, fait prifonnier fous les murs de Pavie, délivrée par le connétable de *Bourbon* et par *Lanoy*, généraux de l'empereur *Charles V*.

A peu-près dans le même temps, on voit le maréchal de *Lautrec* mourir de chagrin fous les murs de Naples, défendue avec courage par le prince d'*Orange*.

Le dauphin *Henri* foumit aifément le Rouffillon, mais il échoua devant Perpignan. Les Siennois forcèrent de même les Florentins à lever le fiége de leur ville.

L'armée de *Charles V* fut inutilement attaquée dans un camp bien retranché près d'Ingolftad.

L'électeur de Saxe fait jeter plus de douze mille boulets dans Leipfick qu'il réduit prefqu'en cendres, mais il n'en eft pas moins forcé d'abandonner le projet de s'emparer de cette ville.

Les Impériaux échouèrent, à peu-près à la même époque, fous les remparts de Brême, où ils perdirent leur général. *Charles V*, à la tête d'une armée formidable, entreprend en perfonne d'affiéger Metz ; mais le duc de *Guife* réfifte à ce monarque, et le force de quitter fon entreprife. Le chagrin que *Charles* éprouva de ce revers, fut un de ceux qui lui donnèrent ce dégoût qui le porta peu de temps après à abdiquer fes couronnes.

En 1758, le duc de *Parme*, affiégeant Berg-op-Zoom, n'eut pas un fuccès plus heureux.

On pourrait citer de même, Boulogne, Meullan, Dreux, Rocroi, Obitello, Lérida, Crémone, Coignac, Girone, Arras, Quesnoy, Reggio, Valenciennes, Saint-Guillain, Cambrai, Ardres, Valence, Alexandrie, Urgel, Campredon, Elvas, Charleroy, Gronningue, et beaucoup d'autres villes plus ou moins fortifiées, qui furent toutes assiégées inutilement. Et qu'on ne dise pas, pour affaiblir ces preuves de faits, que leur résistance tenait à l'ignorance des attaquants; elles ont été l'écueil, non-seulement de petits partis commandés par des généraux faibles ou médiocres, mais encore celui des armées formidables commandées par les héros que toutes les nations comptaient alors parmi elles, par *Condé*, *Turenne*, *Guillaume de Nassau*, *Vendôme*, *Marlborough*, *Louis de Baden*, *Montecuculi*, *Eugène de Savoie*, *Boufflers*, *Villars*, et plusieurs autres encore qu'on pourrait inscrire sur la même liste.

L'on a vu, il est vrai, aux mêmes époques des villes fortes capituler, mais ce n'était presque jamais qu'après des défenses brillantes faites pour honorer le vaincu. C'est ainsi que la ville d'Emaldia fut défendue pendant onze mois par le brave *Ali*, qui, abandonné à ses propres forces, ne rendit cependant son poste qu'en s'enterrant sous ses ruines.

Chacun connait l'histoire de Rhodes défendue par les chevaliers de Saint - Jean - de - Jérusalem, connus depuis sous le nom de chevaliers de Malte.

Les siéges de l'Ecluse, Nuys, Grave, Rhinberg et Venlo, quoique n'ayant duré que deux mois, sont également célèbres par les pertes prodigieuses qu'y firent les assiégeans.

La ville de Jametz, mal fortifiée, se défendit pen-

C 3

dant onze mois, par les efforts d'*Errard* de Bar-le-Duc, ingénieur de réputation.

Si Barcelone capitule après une réfiftance de dix-huit mois, ce n'eft encore que parce qu'elle manque de rafraîchiffemens.

Oftende réfifte trente-huit mois et dix-fept jours; le fiége de Candie dure vingt-trois ans, et coûte à la France de valeureufes troupes avec l'élite de fa nobleffe, tandis que la Porte ottomane y enfevelit quatre-vingts mille hommes. On ne trouve dans l'antiquité que la feule ville d'Azot dont le fiége ait été auffi long que celui de Candie.

L'auteur de la fortification perpendiculaire obferve que, dans ce fiècle, les placés fortes ont moins réfifté que dans les temps dont nous venons de parler. Il en conclut que les moyens de défenfe, imaginés par *Vauban* et perfectionnés encore depuis, ne fuffifent plus contre la puiffance de notre artillerie; et il fe plaît à croire qu'il lui était réfervé de rendre à la fortification ce précieux équilibre qui exiftait autrefois entre l'attaque et la défenfe. On peut le comparer, à cet égard, à ces géomètres qui, trompés par de faux principes, annoncent avec enthoufiafme aux académies, qu'ils viennent de réfoudre le problème de la quadrature du cercle. Le prix qu'il mérite eft le même; on doit à fon zèle des louanges qu'on eft forcé de refufer à fon erreur. *Trinquanot*, *Leblond*, et plufieurs autres auteurs, parmi lefquels on peut compter des moines, piqués de l'ambition louable de corriger *Vauban*, avaient déjà couru la même carrière et obtenu les mêmes réfultats.

Ce n'eft point ici que l'on entreprendra de prou-

ver qu'ils ne pouvaient en attendre davantage. J'obfer-
verai feulement que s'il eft arrivé, dans les dernières
guerres, que les places ont quelquefois produit peu
d'effet, ce n'eft certainement pas par la raifon qu'elles
n'étaient point conftruites fur les principes de la fortification perpendiculaire; principes que l'état actuel
du fort de l'île d'Aix et les faits de guerre, accré-
diteront moins encore que les raifonnemens d'une
trop plumitive théorie.

Dans tous les temps il y a eu des places qui ont
été mal défendues, comme dans tous les temps il y a
eu des armées qui ont mal combattu. Ces effets peuvent être préparés, de part et d'autre, par des principes
femblables. Cependant, fi des caufes imprévues, et
fouvent légères, auxquelles on a donné le nom de
hafard, ont quelquefois décidé du gain d'une bataille,
contre les difpofitions en apparence les plus fages; fi
le génie de l'homme eft trop borné, pour faifir toujours à la fois toutes les parties d'une chaîne de caufes
et d'effets qui fe développe dans un champ vafte que
fon œil peut difficilement embraffer, et avec une
rapidité qui a fouvent furpaffé celle de fon imagination; il en eft rarement de même dans un fiége.
Ici le théâtre eft plus rapproché, la lenteur de l'action permet à l'efprit de calcul de s'exercer fur tous
les objets, pour préparer en quelque forte toutes les
caufes, et s'affurer d'avance des événemens qu'elles
doivent produire. C'eft, n'en doutons pas, cette
différence de l'efpace et du temps, qui a fait que des
généraux faibles, mais heureux, ont eu en champ
libre, contre la force et les talens même, des fuccès
qui les abandonnaient conftamment lorfqu'ils fe font

C 4

vus circonfcrits par des retranchemens, qui n'admettent point l'influence de l'étoile.

Ce qui hâte le plus fouvent les capitulations, ce font des événemens abfolument étrangers à la force intrinsèque des remparts. Pourquoi une place fe trouve-t-elle mal approvifionnée ? pourquoi n'a-t-elle pas une garnifon proportionnelle à fon étendue ? pourquoi l'indifcipline élève-t-elle des divifions entre celui qui y commande, et celui qui doit y obéir ? pourquoi les épidémies, qui anéantiffent des armées et changent en déferts des provinces, viennent-elles abattre les bras armés pour fa défenfe ? pourquoi met-on trop de lenteur à la fecourir ? pourquoi l'officier qui y commande eft-il un homme timide et qui craint le fil de l'épée; un homme faible qui cède aux préjugés et à l'efprit de parti ; un homme peu inftruit qui, n'ayant jamais étudié avec foin les principes de la fortification et la guerre des fiéges, ne connaît point les reffources de fa pofition, ou les applique mal ? pourquoi, encore, eft-il un tatillonneur irréfolu qui ne brûle pas une mêche fans recourir à un confeil de guerre, dont les débats donnent le temps à l'occafion d'échapper, et rendent nuls ou dangereux les moyens qu'il a réfolu trop tard de lui appliquer ? enfin, pourquoi le commandant eft-il un aveugle qui, pour fe conduire, eft forcé de prendre le bâton du premier venu, qui fouvent eft un autre aveugle lui-même ? Toutes ces modifications de circonftances tiennent à la faibleffe humaine, aux affections individuelles ; et celles-ci fe montrent auffi fréquemment en rafe campagne, que dans les lieux circonfcrits par des remparts : on les rencontre par-tout où il y a des hommes. Ce fera donc toujours une abfurdité de dire que les malheurs qui en découlent, ont leur fource dans l'impuiffance de l'art.

Une garnifon peu nombreufe s'eft toujours défendue avec éclat, lorfque le concours des moyens néceffaires à fa défenfe a été fagement ménagé : tel eft l'empire des talens et de la prudence, fur la force et la fimple valeur; et tel eft en général le principe de la deftinée des villes de guerre. Appuyons encore cette affertion de quelques faits.

C'eft à l'indolente fécurité de la garnifon efpagnole, que les Anglais ont dû, au commencement de ce fiècle, la prife très-prompte de cette même Gibraltar fi forte, et plus célébre que jamais par la défenfe glorieufe qu'elle vient de faire fous le commandement du brave *Eliot ;* homme rare, qui a prouvé qu'il joint à la conftance anglaife, les talens de l'officier d'artillerie et de l'ingénieur français.

On a vu, il eft vrai, Oftende mal fortifiée, réfifter pendant trois ans et trois mois, au commencement du fiècle dernier; et cette même ville entourée de remparts élevés fur les principes de *Vauban*, capituler au bout de quinze jours, vers le milieu du nôtre. Mais ce fait met d'autant plus en évidence, l'influence des caufes acceffoires dont j'ai fait l'énumération. Le chevalier de *Weer* épuife toutes les reffources de l'art, du courage et de la patience; il attend que les flots de la mer en fureur, s'élevant plus qu'à l'ordinaire, joignent leur effort impétueux à ceux de fon ennemi, et menacent Oftende d'une deftruction prochaine, entière, inévitable, s'il s'obftine à réfifter une

heure de plus; c'eft alors feulement qu'il cède, moins
à *Spinola* qu'à la faim, et à un élément terrible contre
lequel les hommes n'ont que de trop faibles armes.
Chanclos, général autrichien, ne fe conduit pas de
même. Dès que le marquis d'*Hérouville* a pris le
chemin couvert, du côté des dunes, la terreur eft dans
Oftende, et le gouverneur fe rend à *Lowendall*. Une
flotte apporte envain d'Angleterre des fecours puiffans; envain elle canonne les affiégeans; elle ne peut
plus être que le témoin inutile d'une capitulation
honteufe. C'eft donc à la fupériorité d'*Eliot*, fur l'ancien gouverneur efpagnol, que les Anglais ont dû
une meilleure défenfe du même pofte; et c'eft encore
à la fupériorité du chevalier de *Weer*, fur *Chanclos*,
que les Etats-Généraux ont dû une défenfe foixante-
dix fois plus longue, d'un pofte peut-être foixante-
dix fois plus faible. (*a*)

Ces exemples de places qui fe font mal défendues,
ne font pas particuliers à notre fiècle, comme voudrait le faire penfer l'auteur de la fortification perpendiculaire. En 1676 et 1677, *Louis XIV* prit, fans
coup férir, Condé, Bouchain, Valenciennes, Cambrai; mais c'était *Vauban* qui dirigeait les attaques,
et ce n'étaient pas des *Coehorn* qui en dirigeaient la
défenfe. Les feuls noms du roi et de *Vauban* infpiraient la terreur; les villes fortes tombaient à leur
approche, prefque fans ofer tenter de fe défendre;
tant les fuccès précédens, les préjugés et les connaiffances intimident la faible ignorance. Tels on voyait
autrefois *Alexandre* et *Céfar*, dont l'arrivée feule
fuffifait pour foumettre de vaftes contrées.

Vauban contrarie *Louvois*, et les maréchaux

d'*Humières* , de *Chomberg* , de *la Feuillade* , de *Luxembourg* et de *Lorges*, fur la marche à tenir au fiége de Valenciennes ; et cette place mal gardée, au lieu d'être longuement affiégée, eft furprife en un inftant par fon avis ; le roi y fait fon entrée, étonné d'en être le maître. La terreur que fes armes infpiraient, lui livre Gand et Ypres en fept jours ; tandis que , d'un autre côté , les poftes faibles de Haguenau et de Saverne repouffaient les affiégeans : les villes étaient rarement prifes ; elles fe rendaient.

Créqui, vaincu à Confarbrück, fe jette dans Trèves, et fe propofe de s'enfevelir fous les débris de fes remparts plutôt que de capituler. Les brèches font faites , la peur s'empare de la garnifon, et le capitaine *Bois-Jourdan*, à la tête des féditieux , va dreffer une capitulation que *Créqui* refufe de figner , quoique menacé d'être tué. C'eft donc la dernière lâcheté, commife avec la dernière audace, qui livre Trèves aux ennemis.

Namur fe rend à *Louis XIV*, parce que le roi *Guillaume*, à la tête de 80,000 hommes , ne peut point la fecourir. Namur fe rend dans une autre occafion au roi *Guillaume*, parce que le maréchal de *Villeroi*, à la tête d'une armée toute auffi forte, fe trouve dans la même impuiffance.

Villeroi eft pris dans Crémone, mais il manque de vigilance ; qui le croirait ? c'eft par un égout que l'ennemi vient le furprendre.

Des préparatifs immenfes faits pour le fiége de Turin font perdus , parce que l'orgueil irrité du maréchal de *la Feuillade* rejette les confeils de *Vauban*. Ce général annonce , avec une fierté que l'événement a fu humilier, qu'il va prendre la place à la *Coehorn*. Ainfi, dans l'attaque comme dans la défenfe, on voit conftamment l'ignorance forcée de reconnaître fa faibleffe, et de plier fous les efforts du talent.

Lille, défendue pendant plus de quatre mois par *Boufflers*, eft enfin prife par le prince *Eugène*, au grand étonnement de l'Europe ; mais moins à caufe des fautes que M. de *Feuquières* reproche à ce général, dans une défenfe faite pour être admirée par qui n'eft point dominé par la prévention ; moins, dis-je, pour cette raifon, que parce que l'armée du duc de *Bourgogne* ne remplit pas fon objet, qui était de fecourir la place.

Après la bataille de Malplaquet, le vaincu, plus puiffant encore que le vainqueur, pouvait fecourir Mons, mais il ne le fit pas ; Mons fut affiégée et prife.

Si nous portons les yeux fur le règne de *Louis XV*, nous voyons ce monarque ne prendre Fribourg, après un fiége fanglant de plus de deux mois, que parce que le général *Damnitz*, qui en dirige les défenfes, n'eft point fecouru.

Le prince de *Lobkowitz* fait fur Velletri la même entreprife que le prince *Eugène* avait faite fur Crémone ; il furprend la ville, puis il s'en voit chaffé, et fe trouve forcé de fe retirer vers Rome. Quoique renfermé dans les places, il ne faut point s'endormir dans une dangereufe fécurité.

Fefons une autre remarque, que tous les événemens ont juftifiée ; la nation françaife poffède dans l'art de l'attaque et de la défenfe des retranchemens, une fupériorité très-marquée fur toutes les autres nations. Elle doit cet avantage à ce défir infatiable de gloire qui porte l'officier particulier et le foldat même, à s'élancer vers toutes les occafions de faire quelque action d'éclat ; et, comme on le fait, ces occafions font beaucoup plus fréquentes dans la guerre des retranchemens que dans l'ordre moderne des batailles : cent batailles ne prennent pas dans le temps le laps d'un fiége de moyenne durée : une bataille eft une action générale, un fiége eft une fucceffion d'actions particulières, dans lefquelles chacun fe trouve tour à tour fur la fcène, et réunit en quelque forte fur lui feul, toute l'attention du fpectateur et de la renommée. Combien l'amour-propre et le défir de la gloire ne deviennent-ils pas puiffans alors, dans des ames naturellement coura-geufes, ardentes, élevées !

Les Français en bataille rangée, dit *Voltaire*, trou-vent des égaux, et quelquefois des maîtres dans la difcipline militaire ; mais ils n'en ont point dans ces coups de main et dans ces entreprifes rapides, où l'impétuofité, l'agilité, l'ardeur, renverfent en un moment les obftacles. Ainfi, cette feconde et précieufe qualité du français lui fait exécuter, avec une viva-cité étonnante, les actions que la première le preffe toujours d'entreprendre.

Le gouvernement français, en établiffant fur de bons plans les écoles du génie et de l'artillerie, dans lefquelles on propage, avec une application profonde et foutenue, les principes de *Vauban*, de *Vallière*, et de M. de *Gribauval*, s'eft formé les meilleurs ingé-nieurs et la meilleure artillerie de l'Europe. Le génie dirige ainfi, avec fageffe les efforts du courage; et l'artillerie renverfe, en peu de temps, les plus grands obftacles qu'il ait à vaincre.

Ce font tous ces moyens, dont la réunion devient fi puiffante, qui, agiffant toujours en même temps dans les fiéges faits par les Français, rapprochent le terme des capitulations, quand ils combattent contre des garnifons qui ne poffèdent pas les mêmes avantages.

Lorfque les Français s'emparaient, avec rapidité, d'une fuite de places, un autre principe de force encore, et fans doute un des plus puiffans de tous, venait fouvent à l'appui de leurs fuccès : ce principe était la préfence de leur roi. On fait que le Français ofe et peut tout fous les yeux d'un maître qui fut toujours fon idole. C'eft cette vérité, prouvée par tant de victoires, qui a fait dire à *Racine*, au fujet de la conquête de Namur par *Louis XIV*, que l'expérience avait fait connaître au prince d'*Orange*, combien il était inutile de s'oppofer à un deffein que le roi conduifait lui-même. On eût pu répéter la même chofe, lorfque *Louis XV* s'empara de Fribourg et d'Oftende. Quant aux prifes de Bruxelles, Mons, Saint-Guillain, Charleroi, elles étaient une fuite des fuccès précédens. Car, je le répète, on perd auffi quelquefois des villes, comme on perd des batailles ; la fortune a fes caprices à la guerre comme au jeu, et malheur à celui qui, n'en ayant pas l'efprit, fe voit encore trahi par elle.

Par une fuite de cette fupériorité généralement avouée, que j'ai dit qu'avaient les Français fur les autres nations dans l'art des fiéges, les places qu'ils ont défendues ne se font pas rendues avec la même facilité que celles qu'ils ont attaquées.

Gènes est une ville assez bien fortifiée par l'art et par la nature ; le poste de la Boccheta, par où les Autrichiens s'avançaient pour en faire le siége, était réputé imprenable. Gènes était munie d'une artillerie formidable ; l'armée qui la menaçait n'avait point de canon de siége ; et cependant cette ville consternée capitula sans faire la moindre résistance. Un mouvement d'énergie ayant rappelé, quelque temps après, les Génois à eux-mêmes, ils chassèrent alors, comme nous l'avons dit ailleurs, le vainqueur de leurs murs ; mais, après ce glorieux effort, ils allaient honteusement succomber pour la seconde fois, lorsque le duc de *Boufflers* vient à leur secours, repousse les ennemis, fortifie quelques postes avancés pour les tenir dans l'éloignement, et force ainsi la cour de Vienne d'ordonner la levée du siége.

A chaque pas que l'on fait dans l'histoire, on trouve des traces de la force des places de guerre, à côté de celles des causes étrangères qui trop souvent la décomposent.

La résistance du château d'Edimbourg fut bien funeste aux intérêts du prince *Edouard*, prétendant d'Angleterre ; la possession de ce poste aurait pu lui valoir la conquête du trône que le fanatisme et l'ambition avaient ôté à ses pères.

Le maréchal de *Saxe* disait à *Louis XV* : Sire, c'est dans Mastricht qu'il faut aller chercher la paix. D'après cet avis, on résolut le siége de cette ville. Pour remplir ce dessein, il fallait commencer par combattre l'ennemi qui la couvrait. Le général français eft vainqueur dans ce combat, connu fous le nom de bataille de Lawfelt; mais le vaincu, retiré fous le canon de Maftricht, lui en impofe encore, et le force de renoncer au grand objet du fiége.

Si Berg-op-Zoom eft furprife et prife d'efcalade, c'eft un de ces moyens dont on ne peut jamais attribuer le fuccès qu'au défaut de vigilance et à la faibleffe des défenfeurs, ou bien aux refforts cachés de la trahifon.

Après la première bataille de Prague, les Autrichiens, qui venaient d'être vaincus, fe retirèrent dans cette forterefse, où ils fe défendirent avec fuccès contre le vainqueur qui vint la bombarder. Dans le deffein de forcer ce pofte, fa majefté pruffienne rifque la bataille de Colin, dont le mauvais fuccès lui fait perdre le fruit des victoires qui l'avaient précédée : ainfi Prague fauva l'Empire et toutes les poffeffions de la maifon d'Autriche.

Prague avait été prife par les Français comme Berg-op-Zoom. Mais, bloqués à leur tour dans cette ville, ils furent obligés de l'évacuer, parce qu'ils y mouraient de faim.

Louisbourg était, en 1746, la clef des poffeffions françaifes dans l'Amérique. Cette place, bien fortifiée, mais mal approvifionnée, eft forcée de fe rendre après une défenfe vigoureufe de cinquante jours, parce que le vaiffeau deftiné à la rafraîchir, eft pris par les Anglais, à la vue du port.

On voit ce que peuvent les talens et l'activité, dans la défenfe de Pondichéri, par *Dupleix* : il fut, dit l'hiftoire, à la fois commandant, ingénieur, artilleur, munitionnaire ; et cette capitale des colonies françaifes,

françaifes, qu'on n'avait pas cru en état de réfifter, fut fauvée cette fois.

La prife de Mahon, par M. le maréchal de *Richelieu*, eft encore l'effet de l'excès de valeur contre l'excès de la faibleffe et de la négligence. La prife récente de Mahon, par le duc de *Crillon*, a été préparée par l'indifcipline, les maladies et le befoin, dont les effets, en s'uniffant à celui du courage de l'armée combinée de France et d'Efpagne, ont fait tomber tout-à-coup, contre tout efpoir et toute vraifemblance, une des places les plus fortes que l'on ait connues.

Le marquis *Dupleix* ne fut pas auffi adroit dans l'attaque qu'il l'avait été dans la défenfe. En affiégeant la capitale du Maduré, dans le voifinage d'Arcate, il fut vaincu par les affiégés. Cette défaite fut l'époque de la décadence de la compagnie françaife.

Le comte de *Lalli* échoua de même devant la ville de Madrafs. Les Anglais lui enlevèrent bientôt après Pondichéry, parce que cette colonie manqua, pour cette fois, d'hommes, d'argent et de munitions.

Telle eft en abrégé l'hiftoire de la fortification fous les règnes de *Louis XIV* et de *Louis XV*. Cet extrait prouve, comme nous l'avons dit, que les caufes qui ont quelquefois hâté les capitulations, dans tous les temps, mais particuliérement dans notre fiècle, ne tiennent pas aux défauts que l'auteur de la fortification perpendiculaire a cru corriger. Les progrès de l'artillerie ont pu porter quelque atteinte à leur force; mais ces mêmes progrès ont néceffairement auffi perfectionné les moyens de la défenfe. Tout l'art des

D

mines eft en faveur de celles-ci, et réduit l'affiégeant lui - même à une guerre défenfive et fouterraine, fouvent très-meurtrière et très-longue.

Puifque c'eft à la faim et à d'autres befoins non moins preffans, aux divifions intérieures, aux maladies, à l'ignorance, à la crainte, à la négligence, au mauvais état des fortereffes, enfin quelquefois à la trahifon, qu'il faut rapporter les événemens dont on voudrait s'appuyer pour démontrer la néceffité de changer de fyftême; s'il fallait donc convenir, avec les réformateurs de *Vauban*, que les places fe font moins bien défendues fous le règne de *Louis XV* que dans les temps qui l'ont précédé, il en réfulterait feulement cette conféquence générale, qui peut fonder un principe de précautions pour l'avenir : c'eft que, fous le règne dont nous parlons, le gouvernement a été moins bien éclairé fur cet objet de fa vigilance, en même temps que les officiers généraux, auxquels on a confié des défenfes, l'étaient peut-être moins auffi fur cette partie effentielle de l'art militaire. Il eft poffible encore que la prudence de l'un et le zèle des autres aient été trompés et ralentis par les fophifmes des novateurs, par le parti antifortifiant. Je placerai cependant à côté de cette idée une jufte reftriction. Je répéterai que, dans les guerres de *Louis XIV*, les belles défenfes ont prefque toutes été l'ouvrage de la fupériorité françaife en ce genre; tandis que, dans les guerres de *Louis XV*, les Français étaient toujours affiégeans. Placez encore des Français dans Oftende et dans Candie; donnez-leur un bon conducteur, et vous verrez ces deux villes renouveler leur gloire du fiècle dernier. Je dis

que vous le verrez , furtout ſi l'honneur de la défenſe
eſt , comme alors , plutôt déféré au talent qu'à la
faveur ; car , oſons le dire , c'eſt une choſe bien
déplorable que , dans dès opérations qui intéreſſent
les limites des Etats, la puiſſance et la gloire des
nations et des princes , enfin la fortune, la liberté ,
la vie dès hommes ; il ſoit arrivé ſi ſouvent que l'ambition et l'envie ſoient parvenues à effacer les droits
de l'homme inſtruit , tandis que ce n'eſt qu'à lui ſeul
qu'on devrait confier de ſi grands intérêts. Combien
de victimes ont été immolées ſur ce vaſte théâtre du
monde ! combien de royaumes ont été dévaſtés, de
peuples enchaînés , par les conſidérations perſonnelles,
qui trop ſouvent ont dicté le choix de ceux qui ont
dirigé les opérations militaires ! Qu'on jette les yeux
ſur cette ſcène effrayante , dans ce chaos de débris et
de malheurs entaſſés ; militaires , adminiſtrateurs ,
princes, tous peuvent y lire des leçons tracées ſur la
pouſſière avec le ſang de leurs aïeux, de leurs frères,
de leurs concitoyens.

Diſons enfin que, s'il eſt vrai que les cauſes que
nous avons développées ont quelquefois rendu une
place inutile ou inſuffiſante pour ſon objet, il eſt
également vrai que le ſeul aſpect d'une ville de guerre
en a ſouvent impoſé à l'armée la plus nombreuſe , au
général le plus audacieux , tandis que les lieux
ouverts attirent de loin l'ennemi le plus faible. Dès
qu'il a paſſé le Teſſin , Milan court au-devant de lui
pour lui remettre ſes clefs ; ſa citadelle l'arrête au
contraire, et le force ſouvent à la retraite.

Le connétable de *Bourbon* fit piller la nouvelle
Rome en payement de la ſolde de ſon armée. *Charles V*

n'ofa pas attaquer Wittemberg, qui tenait au parti
de l'électeur *Maurice de Saxe ;* un arrêt de prof-
cription, lâché contre ce prince, fut la feule arme
dont il ofa fe fervir pour combattre la place. Par cet
arrêt, il força la femme et les enfans de l'électeur,
qui y étaient renfermés, de venir lui en ouvrir les
portes. Ainfi les fentimens de la nature produifirent
une foumiffion que le chef de l'empire n'avait pu fe
promettre de tous les efforts de fa puiffance militaire.
En 1647, les Efpagnols n'osèrent attaquer la ville de
Barcelone, dans laquelle on venait de jeter un puiffant fecours, commandé par *Marfin*, général de
réputation. Il eft trop d'exemples femblables pour
que nous puiffions les citer tous : le lecteur et ma
plume fe fatigueraient fous leur abondance.

On prétend que , *du produit de l'économie qu'on
pourrait faire fur cet objet, on foudoyerait une augmentation de troupes affez forte pour fuppléer les places de
guerre dans la défenfive, et qui ajouterait en même temps
aux facultés offenfives.*

Il n'eft pas douteux qu'il ferait difficile à plus
d'un monarque d'imiter *Louis XIV,* qui trouva affez
de bras et d'argent dans fon royaume pour édifier
prefqu'à la fois trente-trois villes de guerre neuves,
et en réparer plus de cent autres. Peut-être ferait-
il tout auffi difficile d'imiter les fois fes fucceffeurs,
qui les entretiennent, et qui, quelquefois encore,
en ont augmenté le nombre et la force : mais le
défaut de facultés, ou la difperfion des provinces
foumifes à une même domination, ou la trop grande
étendue d'une frontière ouverte, fur laquelle la
nature n'a placé aucune barrière; tous ces obftacles,

à l'érection des forterelles, ne prouvent point contre l'utilité abfolue de leur objet.

La formation des armées et leur entretien coûtent cinquante fois plus que les villes fortes. A cet inconvénient, elles joignent celui d'enlever trois cents mille hommes à l'agriculture, au commerce, aux arts utiles, même en partie à la population. Ce n'eft qu'à l'aide de fes forterelles et des autres barrières élevées fur fes frontières par la nature, que la France peut fe palfer de ces armées nombreufes qui défolent d'autres Etats. Il eft donc heureux, à tous égards, de pouvoir remplacer un grand nombre d'individus fi utilement employés ailleurs, par des malfes de pierres d'une exiftence éternelle. D'ailleurs, que ferait-on avec un million et demi que leur entretien, proprement dit, abforbe annuellement ? cette fomme fuffirait à peine à la folde de cinq mille fantaffins. Une telle armée embralferait-elle la défenfe de cinq cents lieues de frontières, comme le font nos villes fortes ? et quand elle le pourrait, la dépenfe devenant égale pour l'Etat, il n'en refterait pas moins démontré qu'il vaudrait mieux encore entretenir deux cents places fortifiées.

On ajoute aux objections précédentes que *des généraux ont fu méprifer les places fortes, les laiffer derrière eux, pénétrer dans un pays, le dévafter, puis fe retirer.*

Il eft vrai, fans doute, que, malgré l'obftacle du parc, le loup peut quelquefois s'introduire dans la bergerie ; mais, malheur à lui, fi le chien et le berger, d'abord endormis, s'éveillent et font enfuite bonne garde. Cette manœuvre, mauvaife et dangereufe en elle-même, n'eft d'ailleurs tentée que par un général qui a oublié ce grand principe d'humanité et de politique, que dévafter ce n'eft qu'affliger et non conquérir. Il lui faut une grande fupériorité de forces pour affurer fa retraite et fa fubfiftance. Se maintenir dans cette pofition, comme s'en retirer, eft une chofe impoffible, quand les circonftances les plus heureufes et les plus extraordinaires ne viennent point à fon fecours. On peut donc aifément contrarier une telle irruption ; mais il eft fouvent beaucoup plus adroit de la faciliter, en prenant en même temps des mefures pour profiter de tous les avantages qu'on peut en tirer. Que le général qui tient la campagne pour la défenfive, ait alors de l'activité, de l'adreffe, quelque force ; que les places foient pourvues de bonnes troupes et de munitions abondantes, la témérité eft punie dans l'inftant même.

Si de petits partis s'introduifent quelquefois impunément entre les villes fortes, pour répandre la terreur fur les points extrêmes de la frontière, en fe donnant le plaifir purement barbare d'incendier un village, et pour s'enfuir, après cet exploit, avec une honteufe précipitation ; ce font-là, à parler militairement, de ces expéditions de peu de conféquence, que la plus grande activité ne peut pas toujours prévenir, mais qui feraient plus fréquentes encore fur une frontière ouverte, même dans le voifinage de quelque grande armée.

Le comte de *Merci* ayant, en 1709, tenté une irruption en Alface, à la hauteur de Neubourg, fut complétement battu par le comte *Dubourg*, qui lui était bien inférieur en forces et en talens. Le général autrichien vaincu n'eut que la reſſource d'une retraite prompte et confuſe, dont, heureuſement pour lui, ſon ennemi ne ſut pas profiter : mais ſi le général français eût été battu, il trouvait ſa ſureté ſous le canon de Neuf-Briſach ; et, dans cette poſition, il inſultait encore au vainqueur, qui n'eût oſé paſſer outre pour cueillir les fruits de ſa victoire. Toutes les petites irruptions tentées depuis cette époque ont eu le même ſort ; et, quoique le prince *Charles de Lorraine* ne paya celle qu'il fit, en 1744, à la tête de ſoixante mille hommes, que de la perte d'un ſeul régiment maſſacré dans le poſte mal fortifié de Weiſſembourg, il n'en eſt pas moins probable que le retour de notre armée d'Allemagne, ou l'arrivée de celle du roi qui marchait à lui pour le combattre, lui aurait préparé le ſort le plus funeſte, ſi des intérêts plus preſſans ne l'avaient forcé de quitter l'Alſace pour agir défenſivement dans les Etats de l'empereur, dont ſa majeſté pruſſienne envahiſſait une belle province avec une étonnante rapidité, parce que malheureuſement elle n'avait pas de places fortes à lui oppoſer.

Si les places fortes ſont ſi avantageuſes, *pourquoi donc*, demande-t-on, *Licurgue ne voulut-il pas que Sparte fût fortifiée? Il craignait*, dit Plutarque, *que les citoyens, comptant plus ſur cette défenſe artificielle que ſur leur courage, ne s'exerçaſſent pas autant dans l'art de combattre en plaine. Cléomène, roi de cette ville, voyant une place bien fortifiée, s'écriait : O la belle retraite pour des femmes !*

Plutarque ne fait pas raiſonner le légiſlateur de Sparte en ſoldat expérimenté. *Licurgue* n'était pas homme à croire qu'il faut plus de courage pour lutter contre l'ennemi, feulement pendant quelques heures dans un champ, que pour défendre une forterefle dans laquelle les combats et les dangers renaiffaient de fon temps à chaque jour, fouvent pendant l'efpace de plufieurs années. Il eût fallu d'ailleurs une fécurité entière, fondée fur l'invincibilité même, pour juftifier le fentiment que l'hiftorien feul lui fuppofe. Mais, dans ces temps reculés, comme aujourd'hui, la défenfe des meilleures places était limitée; et, pour les dégager, il fallait, comme nous, favoir combattre hors de leurs murs, afin de difperfer les affiégeans, et de fe procurer des fecours. L'objet de la défenfive n'excluait donc pas celui de l'offenfive.

Développons les idées de *Licurgue* d'une manière différente, plus politique, plus militaire, plus conforme aux circonftances et à la manière dont ce légiflateur s'en exprime lui-même.

Lorfqu'il prit le gouvernement de Sparte, les rois de cette ville étaient divifés entre eux et avec le peuple; une efpèce de guerre intérieure avait banni la paix qui devait unir les différens ordres de ce petit Etat; les uns cherchaient à étendre leur pouvoir, les autres voulaient étendre leur liberté. Dans cette pofition des chofes, *Licurgue* avait à craindre que fa patrie fût bientôt anéantie, comme l'avaient été, par des troubles femblables, Argos et Mefsène, républiques voifines de Sparte, et non moins célébres qu'elle.

Pour remplir le premier objet d'une fage légiflation, il fallait donc fonger à rétablir l'union générale, en conciliant tous les intérêts, en écartant les armes dangereufes qui euffent pu fervir à l'un des deux partis pour opprimer l'autre. Or, des murs pouvaient faire naître aux Lacédémoniens, comme aux Romains, l'idée de s'en fervir pour expulfer leurs rois.

On pénètre aifément l'idée de *Licurgue*, en examinant la réponfe qu'il fit à fes concitoyens, quand ils lui demandèrent s'ils bâtiraient des murailles : *Eft-ce que vous croyez*, leur dit-il, *qu'une ville environnée d'hommes ne foit pas plus forte que fi elle n'était entourée que de briques?* Homme fage et profond, lui eus-je répondu (fi j'avais été un des Spartiates auxquels ces paroles s'adreffaient), je crois une ville entourée d'hommes cent fois plus forte.

En effet, fi tous les bourgeois de Paris étaient autant de foldats bien exercés, et toujours prêts à prendre les armes, n'ayant d'autres occupations que les travaux militaires, d'autre paffion que celle de la liberté et des combats qui peuvent l'affurer, d'après mon principe même, il ferait inutile de fortifier cette ville immenfe. L'état de faibleffe difparaît dans cette hipothèfe; car on pourrait alors à chaque inftant et fur chaque point de la banlieue, préfenter à l'ennemi une force fupérieure à celle par laquelle on pourrait être attaqué.

Or, Sparte était conftituée de la forte : c'était un petit Etat, dont la force était concentrée dans une grande ville qui en occupait le centre; dans une ville affez puiffante, affez aguerrie, affez à portée de tous les points qu'elle avait à défendre, pour oppofer dans tous les cas aux Athéniens, fes plus dangereux rivaux, un effort fupérieur à celui par lequel ils pouvaient l'attaquer. Mais Sparte n'était qu'un

point, tout fpartiate était un foldat animé du fana-
tifme de la liberté; la France eft très-étendue, fes
habitans y vivent difperfés; fouvent avec des lois, des
intérêts, des ufages différens; et leur cent trentième
partie feulement eft vouée à l'état militaire; indépendamment de cela, l'équilibre des nations a changé:
ainfi l'éloignement des temps, la difparité des objets
et des circonftances, rendent à cet égard toute comparaifon vicieufe.

On remarque que c'eft par une fuite de cette
fupériorité que je dis que Lacédémone avait fur
fes ennemis, par la réunion des Lacédémoniens fur
le feul point qu'ils avaient à défendre, qu'*Agéfilas*
difputa cette ville avec fuccès à *Epaminondas*, après
la bataille de Leuctre. Mais qu'on obferve cependant,
en même temps, que fi *Agéfilas* eût été battu dans
cette feconde action, Sparte paffait inévitablement
fous le joug des Athéniens, et devenait ainfi pour fes
ennemis le prix de cet événement heureux.

C'eft à tort que l'on dit que Sparte ne triompha
de fes ennemis qu'après la démolition de fes remparts.
La queftion faite à *Licurgue* prouve qu'elle n'en avait
pas à l'époque où ce légiflateur lui donna fes lois,
et l'hiftoire ne nous dit pas, autant que je fache,
que cette ville ait eu plus anciennement des murailles.
On peut dire feulement que Sparte a fu triompher
de fes ennemis fans le fecours de la fortification:
or, cette propofition n'établit pas, comme la précédente, que les remparts de Sparte aient jamais été
un obftacle à fes victoires; elle nous autorife feulement à juger que fa pofition particulière la mettait
dans le cas de pouvoir s'en paffer.

Quand, par la transgreſſion des lois de *Licurgue*, les déſordres qu'elles avaient réprimés eurent repris leur premier empire; on vit la tyrannie forger des chaînes, uſurper le pouvoir arbitraire : l'avare et cruel *Nabis* fit alors élever des murs à Sparte. Ce n'était point pour établir ſa domination qu'il eut recours à la fortification ; l'oppreſſion des Lacédémoniens avait déjà été conſommée d'avance ; tout était changé dans cette ville : les Romains ſe préparaient à marcher contre elle, et elle n'était plus défendue par ces anciens citoyens dont les vertus et le courage formaient une égide impénétrable : de vils eſclaves et des merce-naires vendus au tyran, formaient toute la garniſon qu'il eût pu oppoſer à l'ennemi ; et cette garniſon paraiſſait ſans doute trop mépriſable au corrupteur lui-même, pour lui laiſſer l'eſpoir de combattre avec quelque ſuccès, une armée de héros. Ainſi, c'eſt cet état de faibleſſe bien aperçu, bien ſenti par lui, qui l'engagea à chercher dans l'art de fortifier, un ſecours qu'il ne pouvait pas trouver ailleurs. L'effet de la force eſt malheureuſement quelque-fois de protéger le crime ; *Nabis* trouva contre ſes ennemis l'appui qu'il cherchait ; les remparts nouvellement élevés lui conſervèrent pour un temps l'empire qu'il méritait ſi peu.

Après l'aſſaſſinat de ce tyran, Sparte députa vers le ſénat de Rome, pour ſe ranger volontairement ſous ſon obéiſſance : elle n'avait plus un citoyen qui ſût être libre ou régner. *Philopémène*, général des Achéens, avec leſquels les Lacédémoniens venaient de faire la paix, et qui conſervait dans ſon cœur une haine implacable contre ſes anciens ennemis, fit alors abattre les murs de Sparte, en affurant qu'il en avait reçu la commiffion du fénat ; et ce qui prouve jufqu'à quel point les Spartiates étaient déchus de leur ancienne grandeur, et de cette fierté noble et plus qu'humaine qui les caractérifait, c'eft qu'ils n'eurent pas la force de s'y oppofer, et qu'ils furent en hommes faibles s'en plaindre baffement à Rome. *Appius-Claudius*, qui gérait à cette époque le confulat, ordonna, peu après ces plaintes, que les murs abattus fuffent rétablis.

Telle eft à peu-près l'hiftoire des fortifications de cette ville, depuis l'établiffement des lois de *Licurgue*, jufqu'à l'époque où elle fe rangea volontairement fous la domination romaine.

Quant à l'exclamation de *Cléoméne*, elle n'eft qu'une bravade puérile. Ce même prince, qui femblait attacher une idée de honte à la précaution de fe retrancher, ne manquait jamais de fe couvrir d'un corfet d'armes pour aller combattre. D'ailleurs, fi fon propos prouve quelque chofe, c'eft qu'à fes yeux une ville fortifiée était un lieu de fureté, puifqu'il penfait qu'un fexe faible et fans armes pouvait y trouver un afile : ce n'eft conféquemment pas un argument contre la force ni contre l'utilité des places de guerre.

On pourrait oppofer à l'enthoufiafme de ce roi de Sparte, celui d'un grand homme moderne (*b*) qui, au fujet de la levée du fiége de Metz par *Charles V*, s'écrie : *O Charles ! la Lorraine qui t'eft fatale le fut auffi à ton aïeul* (*c*). *Dieu t'ordonne de ne plus approcher de cette contrée. Ton bis-aïeul perdit, fous les murs de Nancy, l'honneur et la vie ; et toi, infenfé, tu perds à*

Metz tant de gloire, tant de triomphes : fans doute, ô
Charles ! la mort t'y attendait auffi fans ta fuite précipitée.
Telles font les paroles qui s'adreffent au vainqueur
de Pavie et de Muhlberg.

Les politiques républicains ont auffi fourni leurs
objections contre l'utilité des places de guerre ; et,
dans une queftion générale, il faut bien répondre à
tout le monde.

Les fortereffes, difent-ils, *portent les princes à la*
tyrannie, les peuples à la révolte, les ennemis aux fiéges, et
les bourgeois à la lâcheté.

Les fortereffes font une arme purement défenfive,
dont l'objet et l'effet ont rarement été l'oppreffion.
Il n'eft pas d'Etat dans le monde auffi folidement
fortifié que la France, et il n'en eft point où les
princes aient régné avec plus de douceur, de juftice
et de bienfefance. Confultez cet enthoufiafme du
français pour fes rois, et dites-moi fi ce fentiment
national, fi bien caractérifé, fi bien foutenu, peut
s'être produit de lui-même fans avoir été acquis par
un régime fondé fur des principes fages et modérés.
On n'obtient pas les adorations de vingt millions
d'hommes en leur préfentant des chaînes. Au furplus,
on ne fortifie jamais que les frontières d'un pays ;
et cette chaîne, fi c'en eft une, ne peut pas s'étendre
au centre qui conferve toute fa liberté : ainfi Luxembourg ne faurait contenir la Bohême. Mais, en accor-
dant même que les villes fortes peuvent être un
inftrument d'oppreffion, l'abus d'une arme ne prouverait pas fon inutilité : le même glaive qui fert à
protéger l'innocence, n'a-t-il pas trop fouvent fervi
à l'immoler aux pieds du crime? Dans la conftitution

actuelle des Etats, où les princes foldent trois cents
mille hommes renforcés d'une nombreufe et puiffante
artillerie, ils n'ont pas befoin de fortereffes pour
forcer leurs fujets à l'obéiffance, ou du moins pour
leur faire une guerre fanglante et dangereufe. L'ancienne Rome n'a jamais protégé la tyrannie. Si *Tarquin
le fuperbe* régna un inftant dans fes murs, ils ne fervi-
rent au contraire qu'à l'en exclure et à repouffer
l'armée nombreufe de *Porfenna*, qui voulait le rétablir
fur fon trône.

Ne concluons pas de cet exemple que *les fortereffes
portent les peuples à la révolte;* il n'eft point applicable
au fyftême actuel. *Tarquin* n'avait d'autres foldats que
ces mêmes Romains qu'il opprimait, et qui, fi Rome
n'eût point été fortifiée, euffent également combattu
fon protecteur, plutôt que de foufcrire à un plus
long efclavage. Qu'on fe rappelle cet enthoufiafme
de liberté qui ne s'affaibliffait jamais dans le cœur du
dernier des romains, et qu'on le place à côté de l'image
du tyran, et des fcènes odieufes qui révoltaient fans
ceffe ces hommes fiers et courageux; on conviendra
aifément que *Tarquin* ne pouvait, en aucun cas,
échapper aux traits vengeurs qu'on lui préparait.

Grifler, dit-on, *fit bâtir un fort dans la vallée d'Uri,
enfuite il l'appela Zving-Uri, c'eft-à-dire, joug d'Uri;
la conftruction de cette citadelle fut le fignal du foulèvement
des Suiffes.*

Mais fi la conftruction du fort de *Grifler* fut le
fignal du foulèvement des Suiffes, il n'en fut point la
caufe. L'oppreffion avait préparé le défefpoir; et le
nom infultant et mal-adroit qu'on donnait à cette
fortereffe, ne laiffait point de doute fur le tyrannique

objet de fon érection. Il devait donc faire éclore une révolte, que la dureté des officiers de l'empereur *Albert* fefait déjà germer, depuis long-temps, dans les cœurs helvétiques. Quel autre réfultat pouvait fe promettre cet homme infolemment orgueilleux, qui voulait forcer d'autres hommes à rendre un hommage avilifant à fon bonnet? cet homme féroce qui oblige *Guillaume Tell*, qui fe refufe à cette loi fotte et bizarré, de tirer une pomme fur la tête de fon fils? pourquoi ne vit-on rien arriver de femblable à l'afpect de plus de cent villes fortes que fit édifier *Louis XIV*? parce que l'on ne pouvait pas fuppofer au roi des Français, un mobile pareil à celui qui dirigeait cet allemand farouche et fanguinaire. Ce rempart de la France, formidable à l'ennemi feul, lui femble être le bouclier d'*Achille*. Il exifte aujourd'hui, et le peuple né dans les places de guerre ou environné de places de guerre, le peuple auquel elles n'ont jamais fait fentir qu'une puiffance protectrice, s'eft habitué à les envifager comme les arbres qui végettent dans la plaine, et qui leur procurent au moins un falutaire ombrage. Bien loin de les craindre, il court vers elles pour y chercher fon falut, quand l'ennemi le fait fuir loin de fes habitations ouvertes et dépourvues de défenfes.

Si l'on peut abufer de tout, convenons auffi qu'entre les mains d'un bon prince, et contre un peuple féditieux, les villes de guerre font, dans l'efpace qu'elles embraffent, l'inftrument dont peut fe fervir un père fage pour réprimer des enfans qui courent à leur perte par les féditions et par la défo-béiffance. C'eft ce qui a fait dire à *Montecuculi*, qu'elles affurent le bon ordre au-dedans, en même temps qu'elles mettent en état de repouffer les ennemis du dehors.

En difant que *les forterezzes portent les ennemis aux fièges*, l'on oublie que c'eft convenir qu'elles rempliffent l'objet unique de leur établiffement. On prouverait, je crois, difficilement qu'il vaudrait mieux que l'ennemi eût la liberté de s'emparer des points qu'elles défendent, fans éprouver leur réfiftance. C'eft un avantage inappréciable et manifefte de pouvoir oppofer quatre mille hommes à une armée de quarante mille, en confervant l'efpoir bien fondé de la vaincre. On imagine peut-être que des remparts attirent l'ennemi ; ce ferait là un étrange paradoxe. En ferait-il donc en guerre comme en amour, où la réfiftance ajoute au défir, et fait fouvent naître la témérité ? En attendant qu'on prouve cette fingulière propofition, difons qu'il eft plus conforme à la raifon et à l'expérience, en guerre s'entend, de n'attribuer cet effet qu'à l'abfence des obftacles. Le prince *Charles de Lorraine*, à la tête de foixante mille hommes, s'eft permis, en 1744, de faire une irruption en Alface ; mais il s'eft conftamment porté vers les lieux ouverts ou les poftes faibles de cette province, et n'a point effayé d'approcher d'aucune de fes villes fortes, quoiqu'elles fuffent alors toutes fans autre garnifon que quelques bataillons de milice : l'afpect feul de ces boulevarts a retenu ce général.

On prétend encore que *les villes de guerre portent les bourgeois à la lâcheté.*

Cette affertion n'eft point claire. Parle-t-on des citoyens d'une ville actuellement affiégée ? mais, qu'importe !

qu'importe! ce ne font pas les bourgeois qui font chargés de fa défenfe. Chacun fait que, lorfqu'on prévoit un fiége, la première opération que l'on fait, c'eft de mettre tous les êtres inutiles à la porte. Dans les grandes villes, où cette expulfion ne peut pas avoir lieu, on prend des précautions pour les contenir, et il y en a d'infaillibles. Ce n'eft pas de la fenfation de la peur dont il faut s'occuper, elle régnait même au fein des armées de *Céfar* (1) et d'*Alexandre ;* mais c'eft de l'effet qu'elle peut produire. Or, cet effet, on l'enchaîne par l'afpect d'un danger plus grand, plus certain que celui auquel elle voudrait échapper. Si elle a quelquefois produit les révoltes et la trahifon ; fi elle a livré des forterefles aux ennemis, et que, fous ce point de vue, on ne faurait trop en calculer et en prévenir les mouvemens, elle a aufli, d'un autre côté, toujours été au-devant de lui en rampant, pour lui porter les clefs des lieux ouverts; et cette démarche eft fans contredit la plus funefte de toutes. La circonfcrire par des remparts, c'eft donc fixer des hommes faibles, d'une manière plus folide, au parti auquel ils devraient tenir par honneur et par intérêt.

Cette peur bourgeoife dont on parle, eft moins commune qu'on ne penfe. En jetant les yeux fur ces républiques anciennes qui fe défendaient derrière leurs parapets, avec une valeur fouvent pouffée jufqu'à la témérité, on ne dira pas que ce font des effets reculés qui ne peuvent plus renaître, puifque l'on a vu de pareils efforts de courage dans des temps très-modernes, à la Rochelle, à Barcelone et à Gênes dont les habitans chafsèrent de leurs murs l'armée

E

victorieufe de l'empereur *François I.* Il y a plufieurs villes en France qui jouiffent du privilège de ne point recevoir de garnifon, et de fe défendre elles-mêmes contre les ennemis de l'Etat. Il en eft d'autres qui, recevant des garnifons, confervent dans leur municipalité le droit du commandement : on n'accorde point de telles diftinctions à la lâcheté.

Veut-on voir les politiques anti-fortifians détruire eux-mêmes leurs raifonnemens et leur fyftême ? Qu'on place, à côté des précédentes affertions, celle qu'ils y ajoutent ailleurs, et que voici : *On a vu quel-quefois une ville fortifiée caufer la ruine de fes maîtres : la confiance qu'elle donne peut porter le courage jufqu'à la témérité : on infulte, on eft affiégé, on s'opiniâtre, la ville eft prife, et le peuple fe perd.*

Il faut néceffairement être d'accord d'un côté, quand il y a pétition de principes. Je conviens donc que la confiance qu'une bonne forterefle doit donner, aux gens éclairés furtout, peut porter le courage jufqu'à la témérité. Quant au réfultat de cette opiniâtreté, il ne peut mener qu'à la gloire lorfqu'on ne la déploie que contre l'ennemi. L'inconvénient d'un peuple fanatique, qui fe perd en s'armant contre fa patrie et contre fon maître, n'eft fait pour être calculé que par lui-même; il ne porte que fur l'abus de la force. Pourquoi, demanderai-je, fait-on fervir à fon déshonneur et à fa perte un rempart qui n'a pour objet que la fureté et la gloire ? Il ne faut point infulter, il ne faut point s'opiniâtrer; c'eft une erreur de fe croire invincible : *Achille*, dans fa funefte fécu-rité, a péri par le talon. Difons-le en un mot, quoi-qu'il arrive d'une conduite fi peu mefurée, le mal qui en réfulte eft purement individuel, et devient étranger à une queftion militaire et générale. (2)

Une des autorités les plus refpectables de celles qui fe font élevées contre l'ufage des retranchemens, eft l'avis de fa Majefté pruffienne. Cette bafe eft peut-être la feule fur laquelle les partifans du principe que nous combattons penfent avoir befoin de s'établir pour le juftifier ; et leur confiance eft d'autant plus entière que notre goût imitatif, appuyé fur les nom-breufes victoires de ce prince, nous porte aujourd'hui à adopter prefque tout ce qu'il a fait ou penfé. Nous mettons dans cette marche une forte de dénégation de nos propres forces, qui nous empêche d'examiner fi en effet il a eu les idées que nous lui fuppofons quelquefois d'après des expreffions trop vagues; ou bien fi ces idées ne font point des préjugés, dont les plus grands-hommes ne font pas toujours exempts.

Je ferai plus défiant : dût-on m'appeler profane ; j'examinerai ; car je penfe que le fecours de notre entendement et le flambeau d'une logique faine ne nous furent pas donnés par la nature, pour que nous ne fuivions qu'une mécanique impulfion qui dégraderait ces facultés.

Voici à quoi fe réduifent les principales réflexions de fa Majefté pruffienne.

Je préfèrerai toujours une armée d'obfervation à un camp retranché, pour couvrir le fiége : la raifon eft que l'expérience nous a montré que la vieille méthode des retran-chemens, eft fujette à caution. Le prince de Condé vit forcer fon retranchement devant Arras par Turenne; et Condé força celui que Turenne, fi je ne me trompe, avait fait devant Valenciennes. Depuis ce temps-là, ces deux grands

maîtres dans l'art militaire n'en ont plus fait d'autres ;
ils avaient des armées d'observation pour couvrir le siége.

Il est clair que cette objection ne porte que sur les
lignes environnantes , et qu'elle renforce ce que j'ai
dit précédemment à leur sujet. Il faut , dans tous les
cas , distinguer essentiellement cette espèce de retranchement, de toute autre dans laquelle les règles
de l'art peuvent être mieux observées.

Les siéges de Saint-Guilain , de Cambrai , d'Ardres
et du fort de Mardick , faits et levés successivement par
ces mêmes généraux , furent postérieurs aux événemens dont le roi de Prusse appuie son principe , et
prouvent évidemment que le moyen que sa Majesté
propose de substituer aux lignes d'investissement , est
souvent employé avec aussi peu de succès qu'elles.
La raison en est , que des troupes rassemblées laissent
à la ville assiégée les passages libres , et que , tandis
que l'armée de secours tient en échec ou bat l'armée
d'observation , des troupes et des vivres entrent dans
la place : alors la forteresse devient en quelque sorte
inexpugnable ; ce qui démontre combien les villes
fortes et les retranchemens sont capables de résistance ,
puisqu'ils se soutiennent tant que les circonstances
facilitent l'abondance des moyens qui leur sont nécessaires pour rendre cette force active. M. de *Vendôme*
ayant assiégé Verue, en 1704, sans couper absolument la
communication de cette place avec l'armée de M. le
duc de *Savoie*, la ville se défendit depuis le 14 octo-
bre jusqu'au 7 d'avril suivant, et M. de *Vendôme* eût été
obligé d'en lever le siége, s'il n'avait pas enfin fixé
son attention sur ce point important. L'investissement
étant fait d'une manière complète, le général fran-

çais fit fommer le gouverneur ennemi de fe rendre ; mais celui-ci lui répondit, qu'il comptait n'être afliégé que du jour des nouvelles difpofitions. Le duc de *Mayenne* ne put réuflir à forcer l'armée de *Henri IV*, parce qu'elle était bien retranchée au village d'Arques, et qu'elle avait une communication avec Dieppe.

La plupart des retranchemens font emportés, parce qu'ils n'ont pas été conftruits dans les règles, ou que ceux qui les défendent font tournés, ou que la peur prend aux troupes qui les défendent ; cela vient de ce que celui qui attaque peut faire fes mouvemens avec plus de liberté et plus de hardieffe.

Il n'eft encore ici queftion que de retranchemens mal placés, mal exécutés, et ce n'eft pas ceux-là que nous voulons accréditer. Quant à la peur, nous en parlerons féparément plus bas. Remarquons, en attendant, que fa Majefté pruffienne ajoute : *Je crois que nos troupes auraient plus de fermeté, et qu'elles repouf-feraient l'ennemi.* Il eft en effet très-certain qu'une troupe bien difciplinée aura cette fermeté, furtout fi celui qui la commande ne perd pas la tête, s'il fait agir à propos fes réferves et fa cavalerie, et s'il fait ménager, dans fa difpofition, des moyens de battre l'ennemi en flanc, dans le moment de fon irruption, où le défordre et l'emportement auquel il fe livre, donnent tant de prifes fur lui. L'armée de foixante mille hommes qui fuyait à Rosbac, devant vingt-cinq mille pruffiens, n'était pas retranchée. Tout ce qui eft mauvais à la guerre, mauvais retranchemens, mauvaife manœuvre, comme mauvais ordre de bataille, produit néceffairement un mauvais effet.

E 3

Mais, continue *Frédéric, à quoi serviraient tous ces avantages si les retranchemens vous empêchent d'en profiter?*

Je réponds que ces avantages serviraient d'abord à remplir l'objet de la défensive, puisque vous supposez l'ennemi repoussé et que rien n'empêcherait ensuite d'en profiter en le poursuivant, si, vous trouvant en proportion de vous mesurer avec lui, vous avez eu soin de ménager dans votre retranchement des issues propres aux sorties de la cavalerie, ce qui doit toujours se pratiquer. Remarquez d'ailleurs que cet avantage, dont vous regretteriez de ne pouvoir profiter dans le moment de la retraite confuse de l'ennemi, serait dû au désordre amené par le genre de son attaque, lequel n'aurait pas eu lieu si vos parapets n'eussent point existé, tandis qu'il serait probable que vous auriez été vaincu complétement, sans les atteintes qu'ils vous ont aidé à lui porter. Il est donc clair que vous ne perdez que ce que vous n'eussiez pas eu également, et que vous gagnez ce que vous n'eussiez peut-être pas osé espérer dans la même position, en jouissant de plus de liberté. Si vous vous privez d'une partie de celle-ci, vous l'ôtez en quelque sorte entièrement à l'ennemi, puisque vous assujettissez ses attaques à la forme et à la force des obstacles que vous lui opposez, en vous procurant ainsi l'avantage d'une action dont tous les mouvemens, calculés d'avance, vous donnent une influence décidée sur les résultats.

Puisqu'il y a tant d'inconvéniens aux (mauvais) retranchemens (c), il s'ensuit naturellement que les lignes sont encore moins utiles.... Je soutiens qu'elles ne valent rien, puisqu'elles embrassent plus de terrain qu'on n'a de troupes pour les garder, &c.

Je crois qu'il y a erreur ici dans la traduction : un prince penſant et parlant habituellement ſi juſte, n'a pu faire cette dernière phraſe ; voici ſans doute la ſignification qu'il faut lui donner : *Je ſoutiens qu'elles ne valent rien quand elles embraſſent, &c.* En effet, elles ne valent pas plus que tous les autres retranchemens ſoumis au même défaut ; elles ſont au contraire d'autant plus dangereuſes qu'elles expoſent plus de troupes. Mais de dire que ce défaut eſt néceſſaire, qu'il n'eſt point de poſition où il n'ait été évité, ou bien où il ne puiſſe l'être, ce ſerait une abſurdité. Si cette expreſſion ſe trouvait dans le texte original, on ne pourrait la regarder que comme une de ces négligences de détail, qui ſe rencontrent ſouvent dans les tableaux des grands maîtres, et qui demandent que, pour en ſaiſir le véritable effet, nous ſachions les placer de nous-mêmes à une certaine diſtance de l'œil et dans un certain jour.

Pour ſuppléer l'effet des retranchemens, le roi de Pruſſe dit : *Une armée faible choiſira toujours un pays coupé et montagneux, &c.* Mais, ſi le théâtre de la guerre eſt un pays de plaine, où chercher des montagnes ? ſi vous diſputez une province plate comme l'Alſace, vous retirerez-vous dans les Voſges pour en défendre l'invaſion ?..... Il faut un local fait exprès pour l'application de ce principe.

Nous n'aurions jamais gagné la bataille de Shor ſi le terrain ne nous eût été favorable ; car, malgré que le nombre de nos troupes ne paſſait pas la moitié de celui des Autrichiens, ils ne pouvaient pas déborder nos ailes ; de ſorte que le terrain mit une eſpèce d'égalité entre les deux armées.

On ne peut pas révoquer en doute que le plus grand avantage à la guerre ne foit celui d'occuper une bonne pofition ; mais elle ne fuffit pas toujours, et, lorfqu'elle eft bonne par elle-même, elle n'en devient que meilleure encore quand elle eft fortifiée par l'art. Laiffons M. *Faesch* faire une obfervation judicieufe fur cet événement. ,, Si le prince *Charles*, ,, dit-il, avait fuivi la règle que M. de *Feuquières* nous ,, donne dans fes remarques fur la bataille de Stein- ,, kerque, et qu'il fût entré avec fa première ligne ,, en colonne, dans le camp pruffien, pour féparer ,, les troupes, en attendant que fa feconde fe fût ,, mife en bataille pour la foutenir, l'avantage du ,, terrain n'aurait pas fauvé l'armée pruffienne de ,, cette furprife ; elle aurait été entièrement défaite ,,.

Les meilleures batailles font celles que l'on force l'ennemi de recevoir. Ce grand principe prouve encore l'avantage des retranchemens, puifqu'une armée retranchée ne peut jamais être forcée d'accepter la bataille malgré elle. C'eft ce qui a fait faire de fi grands et fi rapides progrès à *Céfar*, dans les Gaules, contre des armées également formidables par le nombre et par le courage de leurs foldats. C'eft par la fupériorité de fon talent défenfif que ce général eft devenu effentiellement redoutable dans la guerre offenfive.

Ce ne font pas les retranchemens qui arrêtent l'ennemi, mais les troupes qui les défendent.

Cela eft évident fans doute, mais ils en décuplent la force. Ce n'eft point le lévier qui pourrait foutenir le monde, comme difait *Archimède*, mais la main qui le ferait agir fur un point d'appui fagement placé. Ce géomètre n'en difait cependant pas moins vrai dans son hypothèse, quand, au sujet de la puissance de cet agent, il s'écriait avec un noble enthousiasme: *Da mihi punctum et terram movebo !*

Puisque les inconvéniens que le roi de Prusse trouve aux retranchemens ne portent que sur ceux qui ne sont pas construits suivant toutes les règles de l'art, il paraît que sa Majesté n'a pas prétendu rejeter l'usage de ceux qui sont bien placés, bien exécutés, bien défendus. Ses observations prouvent seulement combien il est essentiel d'être en état de n'en construire et de n'en disputer jamais d'autres.

On fait retrancher son camp, dit-il, quand on veut assiéger une place, défendre un passage difficile, et suppléer aux défauts du terrain par des fortifications, pour le mettre à couvert de toute insulte de la part de l'ennemi....... Nous autres, nous retranchons nos camps comme autrefois ont fait les Romains, pour éviter non-seulement les entre- prises que les troupes légères ennemies, qui sont fort nom- breuses, pourraient tenter la nuit, mais pour empêcher la désertion; car j'ai observé que quand nos redans étaient joints par des lignes tout autour du camp, la désertion était moindre que quand cette précaution avait été négligée. C'est une chose, toute ridicule qu'elle paraisse, qui n'en est pas moins vraie (d). C'est à la suite de ces énoncés que le roi de Prusse enseigne à ses généraux les principales règles auxquelles on doit s'attacher pour donner aux retranchemens la perfection dont ils sont susceptibles. Il leur observe que *des généraux habiles savent mettre l'ennemi dans la nécessité d'attaquer les points dont ils ont doublé la fortification, &c.*

Il est certain que sans habileté on ne fait rien de bon. Peut-être le genre d'habileté qu'il faut pour tirer des retranchemens tous les avantages qu'ils procurent, est-il plus facile à acquérir et à appliquer aux circonstances les plus ordinaires, que celui qui consiste à savoir se défendre par le seul choix des positions, parmi lesquelles il est rare d'en trouver un grand nombre d'assez fortes pour un certain état de faiblesse. Sous ce point de vue, le moyen des retranchemens mériterait donc en général la préférence. Le roi de Prusse cite le camp du prince *Charles de Lorraine* sous Kœnigingrets, comme ayant été inattaquable par la nature du terrain. M. *Faesch* observe et prouve solidement, à mon avis, que ce camp ne devint inattaquable qu'après qu'on eût laissé au prince *Charles* le temps de fortifier la place qui le dominait, et de retrancher une colline qui dominait la place. Les Autrichiens en jugeaient de même, puisqu'ils avaient fait tous leurs préparatifs pour l'abandonner, et que la garnison des pandoures, qui étaient dans la ville, avait ordre de se retirer, si l'on eût fait mine de l'attaquer.

Sa Majesté attribue la plus grande force à un camp protégé par une ville de guerre. *On se met, dit - elle, encore sous la protection d'une place forte, comme fit le maréchal de Neuperg qui, étant battu à Molwitz, prit un camp excellent sous la ville de Neiss. Il est vrai qu'un général qui occupe des camps pareils est inattaquable, tant qu'il peut s'y maintenir.*

D'après ce principe, voilà donc la défensive établie de la manière la plus solide par la protection des villes de guerre. Si vous risquez une bataille dans laquelle vous êtes vaincu, votre ennemi ne peut espérer aucun progrès de sa victoire. Si par ses mouvemens il parvient à vous forcer à quitter un premier camp pris sous le canon d'une place, une autre place située sur votre ligne de défense, à une où deux journées de marche de la première, vous offre bientôt un second emplacement où vous retrouvez le même avantage. Vous serez inexpugnable dans votre nouvelle position, et vous l'auriez même été dans la précédente, si vos places formaient une chaîne bien liée, parce que les mouvemens par lesquels le roi de Prusse suppose que l'ennemi peut vous faire changer de position, seraient impossibles, attendu qu'ils exposeraient inévitablement ses flancs et ses communications en arrière.

Les places de guerre ont pour l'offensive même un autre avantage inappréciable encore, que ce grand maître nous développe. Toute ville mal fortifiée, dans laquelle sont vos dépôts, lie votre position à sa destinée, comme votre destinée est liée à sa conservation. Vous perdez donc la faculté de faire aucun mouvement propre à donner quelque jalousie à l'ennemi, soit pour lui faire quitter une position avantageuse qu'il aura prise, soit pour le jeter dans un pays stérile, soit enfin pour engager, comme dit sa Majesté, une affaire qui pourra vous donner des avantages considérables. Vous êtes alors comme l'avare rodant autour d'un trésor renfermé dans un mauvais coffre qu'il n'a pas eu le courage de faire ferrer. Votre place est-elle au contraire solidement fortifiée, vous pouvez vous étendre avec sécurité, agir avec hardiesse et liberté; vous n'avez plus d'autres précautions à prendre qu'à conserver une communication sûre avec elle.

Il en eft de même à l'égard d'une province entière, que je puis confidérer comme le dépôt que vous voulez garder, et dans la défenfe de laquelle vous pourrez agir offenfivement, fi les places qui la bordent font en état de réfifter aux premiers efforts de l'ennemi. L'on objecte fouvent que *les garnifons affaibliffent trop une armée.* Je répondrai qu'il y a bien des circonftances qui difpenfent de les completter toutes, pourvu que vous foyez à portée de le faire dans les places les plus expofées, et à mefure que les mouvemens de l'ennemi vous annoncent le projet de les attaquer. Au refte, qu'importe un affaibliffement dans le nombre des hommes, s'il en réfulte un accroiffement dans la puiffance totale ?

Parmi les raifons qui déterminent à livrer une bataille, on compte le deffein de pénétrer dans le pays ennemi, et de faire un fiége. L'exemple cité du maréchal de *Neuperg*, après fa défaite de Molwitz, prouve que la victoire ne mène point au premier but, quand le vaincu peut fe retirer fous une ville de guerre. Elle ne mène pas plus au fecond quand le vaincu peut, comme après la bataille de Lawfelt, prendre fa pofition précifément fous la place que l'on avait en vue ; mais ce fecond but prouve, par le rifque que le précepte veut qu'une armée courre pour l'atteindre, qu'on doit attacher quelquefois la plus grande importance à la prife d'une ville de guerre, ce qui devient l'argument le plus démonftratif pour fon utilité. Or, fi une place ifolée eft utile, combien donc, à plus forte raifon, ne l'eft pas davantage encore un fyftême entier de places dont chacune devient intrinféquement plus

forte par toutes les autres, lesquelles le deviennent
davantage à leur tour par elle ; un syftême, en un
mot, qui, dans fon enfemble, ne permet plus de
penfer que la conquête d'une province puiffe dépendre jamais de celle d'une ville feulement, comme
elle en dépendrait toujours en effet, fi cette ville
était ifolée, et que l'ennemi pût la conferver.
L'hiftoire fera encore bien des fiècles avant d'avoir
à publier, pour la première fois, la réduction d'une
province ainfi gardée. S'il en eft jamais de cette
efpèce qui changent de maître, ce ne fera que par les
progrès que font les armées depuis l'origine du
monde dans les contrées ouvertes, qu'elles auront
été acquifes.

Un des grands principes de l'art militaire, et
qui formait la bafe de la défenfive du roi de Pruffe,
c'eft de difputer fes frontières en portant fes troupes
en avant et jufque dans le cœur du pays ennemi ;
mais ce principe, fouvent fuivi à l'égard de la
Bohême et de la Siléfie, ne peut être mis en ufage
que contre un pays ouvert. Une puiffance qui a des
places fortes fur fa frontière peut donc toujours
l'employer contre une puiffance qui n'en a pas,
tandis que celle-ci n'a pas la même faculté à fon
égard.

Il n'y a que trois manières d'établir une chaîne
de troupes pour la fureté d'une armée en quartiers
d'hiver : On la place ou derrière une rivière, ou
à la faveur des poftes défendus des montagnes, ou
fous la protection de quelques villes fortifiées. Or,
le monarque dont nous analyfons ici quelques idées,
nous avertit qu'il ne faut jamais fe fier aux rivières

ni aux montagnes, parce que *les rivières gèlent, et que par-tout où paſſe une chèvre un ſoldat y paſſera auſſi.*

Les quartiers ne peuvent donc être ſûrs et tranquilles que ſous la protection des villes fortes, ou bien des poſtes retranchés, qui ſeuls peuvent les ſuppléer en partie quand elles manquent ; c'eſt ſur ce principe ſi certain que *Frédéric* a établi ſes diſpoſitions pendant l'hiver de 1744 à 1745. On y voit les villes de Sagan, de Tropau et de Jaegﻻndorff, occuper les têtes de ſes quartiers dans la haute-Siléſie et dans le comté de Glatz ; et les poſtes de Schmiedeberg à Fridlang, et d'autres poſtes retranchés, lier ces points principaux entre eux pour en achever la chaîne. Le général de *Truchſes* s'y était ménagé une réſerve, pour ſoutenir le premier de ces poſtes qui viendrait à être attaqué par les Autrichiens. C'était aſſurément tirer du terrain et des circonſtances tous les avantages qu'ils offraient ; mais ſa Majeſté n'héſite pas de dire à ſes généraux que les quartiers ſoutenus par des foreteſſes ſont les meilleurs. D'après ce principe elle leur recommande de ſe garder d'entreprendre jamais une campagne d'hiver dans un pays hériſſé de places fortes ; *car la ſaiſon, dit-elle, ne vous permettra pas de faire le ſiége des grandes fortereſſes, que l'on ne peut emporter par ſurpriſe ; on doit être perſuadé d'avance qu'un tel projet échouera, puiſqu'il eſt impoſſible.*

Le roi de Pruſſe nous fait remarquer qu'il a fait plus de campagnes d'hiver qu'aucun général de ce ſiècle. En 1740 il entra en Siléſie, et il gagna, par une ſimple marche, ce qu'il n'aurait, d'après ſa propre manière de juger, emporté qu'après trois ou quatre campagnes difficiles. S'il n'a pas réuffi dans la campagne d'hiver de 1742 , qui avait pour objet de dégager les pays de l'électeur de Bavière , c'était, dit-il, parce que les Français y agiffaient en étourdis, et les Saxons en traîtres. L'hiver de 1745 à 1746 , les Autrichiens ayant envahi la Siléfie (ɛ), il fut obligé de les en chaffer ; au commencement du même hiver les Autrichiens et les Saxons voulant faire une irruption dans fes Etats héréditaires , il les prévint, et fit au milieu de l'hiver la guerre dans le cœur de leur pays.

Rapprochons ces faits du principe de l'impoffibilité de faire une guerre d'hiver dans un pays hériffé de foriereffes , et nous verrons qu'il en réfulte évidemment que , de toutes ces campagnes auxquelles fa Majefté doit la majeure partie de fes conquêtes, elle n'en eût pas fait une feule fi la Bohême et la Siléfie euffent été défendues par des places fortes ; d'où il réfulte bien clairement auffi , que la maifon d'Autriche poffédérait encore aujourd'hui la portion de cette belle province qu'elle a été forcée de lui abandonner.

Tel eft le flambeau dont le conquérant éclaire lui-même les caufes de fes fuccès les plus brillans et les plus profitables ; et c'eft en approfondiffant les faits comme nous venons de le faire , qu'on parvient aux véritables idées qu'il convient d'en prendre , tandis qu'elles échappent au contraire , quand la prévention nous borne à un coup d'œil vague, et à la fignification purement littérale de quelques fentences qu'elle fe preffe d'adopter , avant d'en avoir pénétré le fens et la vraie valeur. Difons-le , nous fommes plus aifément éblouis par la marche rapide et hardie d'un brillant fophifte, qu'entraînés par la fuite plus circonfpecte et plus pefante des idées qu'enchaîne méthodiquement l'ami du syllogifme.

Le roi de Pruffe, après avoir dit que fes armées fe retranchent par des parapets environnans comme fefaient les Romains, et après en avoir déduit quelques raifons auxquelles il femble applaudir, dit ailleurs : *Je ne ferais jamais retrancher mon armée, fi ce n'eft dans le temps que j'aurais intention d'entreprendre un fiége ; et je ne fais fi on ne ferait pas mieux d'aller au-devant de l'armée qui vient fecourir la place.*

Il réfulterait de là une contradiction ; mais dans la plume de *Frédéric* elle ne peut être que purement apparente, à moins qu'on ne fuppofe que, fe trouvant dans une forte d'incertitude, il ne donne, contre un ufage ancien et au moins avantageux à certains égards, qu'un fimple confeil que fa fageffe n'ofe revêtir du caractère indélébile d'un précepte. C'eft ce qui paraît d'autant plus certain qu'il entre dans plufieurs détails au fujet des précautions qu'il y a à prendre dans l'établiffement des retranchemens d'une armée ; en partant conféquemment de la fuppofition qu'en effet quelqu'un de fes généraux pourra et voudra fe retrancher. Prenons donc fon expreffion pour un fimple avis, et voyons fur quoi il peut être appuyé.

Les objections contre les lignes et les retranchemens (f) ne portent en général que fur cinq objets. 1°. La difproportion de leur étendue avec la force des troupes ; 2°. généralement tous les autres défauts qu'on leur donne en les conftruifant ; 3°. la perte
de

de la faculté offensive ; 4°. les avantages que plus de liberté dans ses actions donne à l'attaquant ; 5°. la peur que prend l'attaqué.

Les deux premières tombent d'elles.- mêmes, parce que les règles de l'art sont faites pour être observées, et qu'elles peuvent toujours l'être en choisissant ses positions, en se montrant vigilant, instruit et laborieux. Il ne faut excepter que le cas des lignes environnantes d'une place de guerre, cas unique, auquel sa Majesté aurait raison de vouloir substituer l'usage d'aller à la rencontre d'une armée de secours, si les faits et l'induction ne prouvaient pas également qu'il n'a pas moins d'inconvéniens, et que c'est du désavantage nécessaire de l'une et l'autre méthode que les places tiennent une partie essentielle de leur force. Si je pouvais l'éviter, ce serait donc précisément moins dans ce cas qu'en aucun autre que je voudrais retrancher mon armée. Au surplus, il y a des circonstances particulières qui doivent décider de la préférence. Toutes les circonvallations qui pourront ressembler à celle du maréchal de *Berwick* devant Philisbourg, ou toutes celles qui seront défendues comme *César* défendit les siennes devant Alife, seront certainement plus efficaces contre les secours qu'une armée d'observation, qu'on peut tromper ou diviser par de fausses attaques. L'armée d'observation sera au contraire préférable, si les secours ne peuvent arriver que par quelques points fixes qu'elle peut occuper avantageusement. Dans toute supposition intermédiaire, la préférence deviendra l'objet d'un problème indéterminé, dont les conditions décideront du choix ;

F

mais j'obferve que toute place de guerre qui fournit à l'ennemi l'affiette d'une bonne circonvallation, ou qui ne laiffe aux fecours qu'une communication unique, fufceptible d'être aifément faifie par l'armée affié-geante, eft une place mal fituée, dont on ne peut calculer la réfiftancè que fur fa force intrinfèque, fi le fort toujours douteux d'une bataille n'en chaffe pas l'ennemi ou ne lui procure point de raffraî-chiffemens. C'eft d'après tout cela que, comme nous l'avons dit ailleurs, les règles de l'art prefcrivent, afin de parvenir à l'effet le plus affuré, d'avoir pour l'attaque d'une place deux armées à la fois, l'une dans les lignes, l'autre pour obferver.

La perte de la faculté offenfive eft fans doute un inconvénient majeur; mais elle ne réfulte que des retranchemens continus, de l'efpèce de ceux que le roi de Pruffe annònce être en ufage dans fes armées. *Céfar*, qui fe retranchait toujours, ne perdit jamais cette faculté. Rapportons ici un fait qui femble propre à répondre à toutes les objections du roi de Pruffe contre l'ufage des camps retranchés.

La difette des vivres dans les Gaules ayant engagé *Céfar* à divifer fes légions dans différens quartiers, plus ou moins à portée les uns des autres, pour y paffer l'hiver, excepté celle qui était dans le pays de Séez, toutes les autres étaient renfermées dans une étendue d'environ trente-cinq lieues. Cependant, dans la crainte que cette difperfion n'enhardît les Gaulois à quelque foulèvement, il jugea à propos de refter dans la Gaule, jufqu'à ce qu'elles fuffent bien établies et retranchées dans leurs quartiers.

Il n'y avait pas quinze jours que les quartiers

étaient établis, lorſque *Ambiorix* et *Cativulcus* qui commandaient dans le pays de Liége, vinrent tout à coup, avec de nombreuſes troupes, attaquer le camp de celles que commandaient *Sabinus* et *Cotta*. Auſſitôt les Romains prennent les armes et montent ſur le rempart; d'un autre côté, la cavalerie eſpagnole fait une ſortie ſi à propos, que l'ennemi ayant du deſſous et perdant l'eſpoir de forcer le camp, abandonne l'attaque et ſe retire.

Ambiorix, n'eſpérant plus rien de la force, uſe de ruſe et de perfidie pour faire quitter aux deux légions leur camp retranché, et les attire ainſi dans un défilé où elles périſſent entiérement avec leurs généraux.

Enflé de cette victoire, *Ambiorix* eut bientôt ſoulevé ceux de Namur et du Hainaut, qui envoient ordre aux peuples de leur dépendance d'aſſembler le plus de forces qu'il ſerait poſſible, et viennent ſubitement fondre ſur le quartier de *Cicéron*, qui n'était point encore informé de la mort de *Sabinus*.

Auſſitôt les Romains courent aux armes et bordent les retranchemens. Cette journée fut très-rude pour eux.

Cependant *Cicéron* fait prévenir *Céſar* de cette attaque. Pendant la nuit on employa, avec une promptitude incroyable, le bois qui avait été apporté, à conſtruire cent vingt tours et à perfectionner les retranchemens. Pendant pluſieurs jours on fait de grands efforts de part et d'autre; mais *Cicéron* demeure invincible. On ne ceſſe de travailler toutes les nuits: les malades et les bleſſés ſont en activité; et *Cicéron* lui-même, quoique d'une ſanté faible, en donne le premier l'exemple en ne prenant aucun repos.

Des difpofitions fi courageufes ne laiffent à *Ambiorix* d'autre efpoir que celui qu'il fonde encore fur l'indigne ftratagême par lequel il avait arraché *Sabinus* et *Cotta* de leur retranchement. Il effaye de nouveau ce moyen ; mais à toutes les raifons qu'on cherchait à faire goûter à *Cicéron* pour le tirer de fon pofte, ce général, plus fage que fes confrères, fe contente de répondre que le peuple romain n'eft pas accoutumé de recevoir la loi d'un ennemi armé ; que fi *Ambiorix* et *Cativulcus* voulaient mettre bas leurs armes, il ferait volontiers leur médiateur près de *Céfar*.

Déchus de cette efpérance, les Gaulois du Hainaut enferment le camp des Romains d'un rempart de onze pieds de haut et d'un foffé de quinze pieds de profondeur. C'était des foldats romains avec lefquels ils avaient vécu les années précédentes, et de quelques-uns de leurs prifonniers, qu'ils avaient appris l'art de conftruire ces ouvrages ; et comme ils n'avaient point d'outils propres à remuer la terre, ils étaient obligés de couper les gazons avec leurs épées, et de porter la terre dans leurs mains et dans leurs habits. On peut voir par-là combien ils étaient en grand nombre, puifque, malgré ces difficultés, ce retranchement qui avait cinq lieues de tour, fut achevé en moins de trois heures (g). Les jours fuivans ils élevèrent des tours à la hauteur des remparts des Romains, préparèrent des feux et des tortues militaires : c'étaient les mêmes prifonniers qui les avaient dirigés dans ces ouvrages.

Le feptième jour, étant parvenus à incendier le camp avec des artifices, ils montèrent en même temps à l'affaut, en fefant de grands cris, comme s'ils euffent été affurés de la victoire ; mais tel fut le courage et la fermeté des foldats romains, que, fans s'étonner de voir le feu par-tout, des dards pleuvoir fur eux de toutes parts, brûler leur bagage et tout ce qu'ils avaient ; aucun d'eux ne tourna feulement pas la tête, tant ils étaient tous attentifs à fe défendre vaillamment. Ce jour-là fut très-rude pour eux ; mais l'événement en fut tel que les ennemis eurent beaucoup de morts et de bleffés, parce qu'ils s'étaient trop ferrés au pied du rempart, et que les derniers empêchaient les premiers de fe dégager.

Cependant à force d'envoyer des meffagers à *Céfar*, après qu'ils eurent tous été fuppliciés par l'ennemi, l'efclave d'un gaulois du Hainaut, nommé *Verticon*, et fur lequel *Cicéron* pouvait compter, ayant traverfé heureufement le camp de fes compatriotes, qui ne fe défiaient pas de lui, parvint enfin à remettre une lettre à *Céfar* en mains propres.

Céfar fait diligence et fe détermine à partir avec deux légions feulement. Arrivé fur les frontières du Hainaut il engage, fous l'efpérance d'une grande récompenfe, un cavalier gaulois à porter à *Cicéron* une lettre qu'il écrivit en caractères grecs. La lettre attachée à un javelot eft lancée dans le camp. Un foldat la découvre feulement le troifième jour et la porte à *Cicéron* qui la lut à toutes fes troupes, pour foutenir et ranimer leur courage. En même temps la fumée des embrâfemens que les légions de *Céfar* fefaient par-tout fur la route, les affura de fon arrivée. Les ennemis quittent le fiége et marchent à *Céfar* avec toutes leurs forces, qui pouvaient monter environ à foixante mille hommes. *Cicéron* mande ce mouvement à *Céfar* ; *Céfar* en fait part à fes troupes, les encourage et décampe à la pointe du jour. Il n'eut pas fait une lieue qu'il aperçut l'ennemi au-delà d'un grand vallon traverfé par un ruiffeau. Il y avait un grand danger à le combattre dans un lieu fi défavorable, *Cicéron* était d'ailleurs dégagé. *Céfar* s'arrête donc dans le pofte le plus avantageux, et s'y retranche. Il avait à peine fept mille hommes ; néanmoins il refferra fon camp le plus qu'il put, à deffein de faire croire aux ennemis qu'il était peu à craindre.

Ce jour-là chacun refte dans fon camp ; *Céfar*, pour voir fi en fefant femblant d'avoir peur, il n'attirerait pas les ennemis de fon côté, afin de les combattre à la tête de fon camp, et pour avoir le temps de reconnaître les chemins, et de traverfer la vallée et le ruiffeau avec moins de danger. Le len-demain, à la pointe du jour, la cavalerie ennemie vint efcarmoucher jufqu'au camp des Romains. *Céfar* dit exprès à la fienne de céder et de rentrer dans fes retranchemens ; en même temps il en fait de tous côtés élever les fortifications et boucher les portes ; il ordonne que l'on faffe paraître beaucoup de crainte et de défordre dans le travail.

Les Gaulois, encouragés par cette crainte fimulée, paffent le vallon et fe rangent en bataille dans un lieu défavantageux. Voyant même que les Romains avaient abandonné la garde du rempart, comme s'ils n'euffent ofé paraître, ils en approchent de plus près, lancent des javelots dans le camp, et témoignent tant de mépris que les uns commençaient

déjà à escalader et les autres à combler le fossé. Alors
César qui tenait ses troupes toutes prêtes, tant cavalerie qu'infanterie, sortit brusquement par toutes
les portes, tomba sur les barbares, et les mit en
fuite, sans qu'aucun osât tenir ferme. On en tua
quantité, et tous abandonnèrent leurs armes. *César*
ne voulut pas qu'on les poursuivît, à cause des
bois et des marais qui se trouvaient sur le chemin.
Il se remit en marche, et le même jour joignit *Cicéron*.
Il donna aux chefs, aux centurions, tribuns et soldats de sa légion qui s'étaient le plus distingués, les
louanges qu'ils méritaient pour s'être si vaillamment
soutenus dans une pareille position. Le lendemain
il rassemble son armée, la rassure, l'encourage et
la console de l'événement arrivé à *Sabinus* et *Cotta*,
en rejetant toute la faute sur l'imprudence des chefs.

On voit dans cet exemple *Sabinus*, *Cotta* et *Cicéron*,
qui sont invincibles dans leurs retranchemens par
le courage, l'intelligence et l'activité qu'ils savent
mettre à les défendre ; on voit les deux premiers
courir à leur perte en les quittant, et le dernier se
couvrir de gloire en s'obstinant à y demeurer. On
voit *Ambiorix* et *Cativulcus* envelopper son camp
d'une circonvallation, et quitter ensuite cette ligne
pour aller à la rencontre de *César* qui vient secourir
son lieutenant ; on voit enfin *César* vaincre, avec une
armée de sept mille hommes, soixante mille gaulois
sous les défenses de son camp retranché.

Loin que les Romains aient la plus légère crainte à
la vue d'une disproportion telle qu'ils n'étaient qu'un
contre neuf, ils feignent au contraire ce sentiment
qui leur est étranger, afin de faire naître une dan-

gereufe témérité dans leurs ennemis. Le camp de *Céfar* eft conftruit de manière qu'il fe conferve en entier la faculté offenfive ; et s'il ne veut pas que fes légions pourfuivent les Gaulois vaincus, ce n'eft que parce que fa prudence le retient, à caufe des marais et des bois dans lefquels l'ennemi pourrait dans fa fuite lui tendre des embufcades.

Ces faits et leur enchaînement répondent à toutes les objections du roi de Pruffe. Conftruifez des camps comme *Céfar*, défendez-les comme *Céfar*, et vous éprouverez combien leur ufage eft avantageux. L'invention des nouvelles armes ne fait rien ici à la comparaifon. Nos pièces d'artillerie de campagne font bien éloignées de faire fur des retranchemens en terre, l'effet que font nos pièces de fiége fur les revêtemens en maçonnerie de nos places de guerre. Si, d'un côté, l'artillerie de l'affaillant tue plus de monde à l'affailli, l'artillerie de celui-ci, en agiffant fur un front de bataille ou fur des colonnes découvertes, détruit beaucoup plus d'attaquans en proportion. Dans le moment de l'affaut, les groffes armes de l'attaquant ne font plus d'aucun ufage, tandis que celles de l'attaqué confervent encore au moins une partie de leur effet. Dans ce moment on combat de corps à corps ; ainfi tout ce qui favorifait les anciens dans ce genre de combat, nous fera également avantageux, dès que nous faurons agir avec la même vigilance et la même fermeté qu'eux.

Tous les avantages reftent, et tous les inconvéniens difparaiffent en adoptant l'ufage de retrancher fon camp par des ouvrages détachés. Alors peuvent fe fuccéder alternativement un front de cent vingt

toifes de retranchemens bien tracés, et un vide
de cent vingt toifes en avant duquel les feux fe
croifent, tandis que des troupes mifes en bataille un
peu en arrière, fourniffent une défenfe de front ;
et malheur à l'ennemi qui oferait s'y engager. Cette
excellente méthode, indiquée par le chevalier de
Clairac, peut encore fe réduire à ces redoutes fail-
lantes et rentrantes dont le roi de Pruffe parle lui-
même. Dans l'un et l'autre tracé, les moyens offenfifs
y font confervés dans toute leur plénitude : un fimple
mouvement en avant avec un dédoublement, vous
place en bataille hors de votre camp.

Ce remède qui fait tomber toute objection à cet
égard, détruit même celle qui porte fur l'avantage
qu'a une armée qui attaque des retranchemens,
d'agir avec plus de liberté que celle qui fe défend.
Vous attaquerez l'ennemi fi vous le jugez convenable, ou bien vous recevrez fes attaques dans cette
pofition, dans laquelle vous jouiffez d'une force
capable de compenfer puiffamment l'infériorité qui
vous réduit à la défenfive, fans qu'elle vous prive
de l'avantage de pouvoir pourfuivre l'ennemi pour
achever fa défaite quand vos défenfes l'auront affaibli,
repouffé et mis en défordre.

Le roi de Pruffe dit que les attaques des villages
coûtent tant de monde, qu'il s'eft fait une loi de
les éviter tant qu'il n'y ferait pas forcé, parce qu'on
y rifque l'élite de fon infanterie ; mais pourquoi cet
effet ? parce qu'un village eft un retranchement
naturel dans lequel, des haies, des arbres, des
maifons ou d'autres abris, tenant lieu de parapets,
on rencontre déjà les fecours puiffans de l'art. Or, fi

une haie, facile à brûler, et que les coups de feu
percent et fapent aifément ; fi des maifons qu'on
incendie et qu'on démolit avec quelques coups de
canons ; fi des chariots ou d'autres obftacles de cette
efpèce qui fe trouvent difpofés au hafard , fans
ordre , tels que les circonftances les ont placés ,
produifent un fi redoutable effet ; combien plus
redoutable encore n'eft donc pas le village dans
lequel ces moyens de force font fecondés par ceux
que l'art vient y ajouter , je veux dire par de bons
parapets bien tracés , bien protégés , d'un abord
difficile, et derrière lefquels on eft mieux couvert que
près d'un fimple buiffon ou dans une frêle chaumière?
Convenir que l'attaque d'un village ouvert eft une
des actions les plus meurtrières , c'eft accorder le
triomphe de la fortification.

M. de *Châtellux* remarque qu'il paraît que le
prince *Ferdinand de Brunfwick*, lorfqu'il a vu à Bergen
que l'attaque du village ne pouvait réuffir, a cherché
à employer la rufe d'une retraite fimulée pour attirer
nos troupes hors d'un pofte fi fort. Cette manœuvre
eft indiquée par le roi de Pruffe comme la feule
de laquelle on puiffe tirer quelque avantage pour
l'attaque d'une batterie qu'on ne peut tourner ;
mais M. le maréchal de *Broglie* n'en fut point la
dupe ; il défendit au contraire expreffément aux
troupes de fortir de leur pofition , et la réfiftance de
ce village décida en effet du gain de la bataille.

En laiffant à d'autres le foin de recueillir dans
l'hiftoire , et d'accumuler encore un plus grand
nombre d'exemples , rappelons feulement ici ces
retranchemens près de Prague , derrière lefquels

Laudon rendit vains et si meurtriers les efforts de sept attaques consécutives , exécutées avec cette même discipline , cette même fierté prussienne dont *Frédéric* parle , et dont il tirait de si grands avantages en plaine ; ces retranchemens qui furent le tombeau d'un nombre prodigieux de ses plus braves soldats , et les restaurateurs de la puissance autrichienne ; rappelons enfin encore au courage et à l'impétuosité française qu'ils furent toujours abattus , quoiqu'avec gloire , aux pieds des retranchemens du col d'Exiles.

Nous avons cru devoir discuter en détail toutes les expressions du roi de Prusse , dans son instruction à ses officiers généraux , pour donner une idée de ses véritables principes sur l'utilité de l'art fortifiant , et détruire les préjugés que quelques assertions mal saisies ont établis dans l'esprit d'un grand nombre de militaires. Nous eussions pu , à l'égard des forteresses au moins , prendre une voie plus courte pour convaincre ceux qui en sont imbus , que *Frédéric* avait la plus haute opinion de l'effet de cet art , et particuliérement de la disposition des places de première et seconde ligne qui défendent la France. Il ne s'agissait que d'ouvrir aux yeux du lecteur cet *Anti-Machiavel* qui fait d'autant plus d'honneur aux lumières et aux principes de ce monarque , que , combattant le langage barbare du despotisme qui se fit si souvent entendre dans la bouche des rois , contre un particulier qui met à la tyrannie le fer en main et lui souffle la perfidie dans le cœur , *Frédéric* n'y parle du haut du trône que celui de l'équité et de la sagesse. Mais l'*Anti-Machiavel* n'est pas connu de tous les militaires, et tout officier ayant servi six ans, se pique d'avoir lu l'instruction de *Frédéric* à ses généraux : il fallait donc commencer par l'analyse de ce dernier ouvrage. Arrêtons-nous maintenant un moment à l'autre : nous allons y trouver les expressions les plus positives, et les mieux justifiées par les faits dont l'auteur les appuie. Nous voici à la dernière question de *Machiavel*, savoir : si un prince doit avoir des forteresses et des citadelles, ou s'il doit les raser?...

» Je crois avoir dit mon sentiment dans le chapitre dixième, pour ce qui regarde les petits princes ; venons à présent à ce qui intéresse la conduite des rois.

» Dans le temps de *Machiavel*, le monde était dans une fermentation générale ; l'esprit de sédition et de révolte régnait par-tout ; l'on ne voyait que des factions et des tyrans ; les révolutions fréquentes et continuelles obligèrent les princes de bâtir des citadelles sur les hauteurs des villes, pour contenir, par ce moyen, l'esprit inquiet des habitans.

» Depuis ce siècle barbare, soit que les hommes se soient lassés de s'entre-détruire, soit plutôt parce que les souverains ont dans leurs Etats un pouvoir plus despotique, on n'entend plus tant parler de séditions et de révoltes ; et l'on dirait que cet esprit d'inquiétude, après avoir assez travaillé, s'est mis à présent dans une assiette tranquille : de sorte que l'on n'a plus besoin de citadelles pour répondre de la fidélité des villes et d'un pays. Il n'en est pas de même des fortifications, pour se garantir des ennemis, et pour assurer davantage le repos de l'Etat.

» Les armées et les forteresses sont d'une utilité

égale pour les princes ; car, s'ils peuvent oppofer
leurs armées à leurs ennemis, ils peuvent fauver ces
armées fous le canon de leurs forterelles, en cas de
bataille perdûe ; et le fiége de cette forterelle, que l'ennemi entreprend, leur donne le temps de fe refaire,
et de ramaller de nouvelles forces qu'ils peuvent
encore, s'ils les amallent à temps, employer pour
faire lever le fiége à l'ennemi.

,, Les dernières guerres en Flandre, entre l'empereur et la France, n'avançaient prefque point à caufe
de la multitude des places fortes ; et des batailles gagnées par cent mille hommes fur cent mille hommes,
n'étaient fuivies que par la prife d'une ou de deux
villes. La campagne d'après, l'adverfaire, ayant eu le
temps de réparer fes pertes, reparaillait de nouveau,
et l'on remettait en difpute ce que l'on avait décidé
l'année d'auparavant. Dans les pays où il y a beaucoup de places fortes, des armées qui couvrent deux
milles de terre feront la guerre trente années, et
gagneront, fi elles font heureufes, pour prix de vingt
batailles, dix milles de terrain.

,, Dans des pays ouverts, le fort d'un combat ou
de deux campagnes décide de la fortune du vainqueur, et lui foumet des royaumes entiers. *Alexandre*,
Céfar, *Gengis-kan*, *Charles XII*, devaient leur gloire
à ce qu'ils trouvèrent peu de places fortifiées dans les
pays qu'ils conquirent ; le vainqueur de l'Inde ne
fit que deux fiéges en fes glorieufes campagnes ;
l'arbitre de la Pologne n'en fit jamais davantage.
Eugène, *Villars*, *Marlborough*, *Luxembourg*, étaient de
grands capitaines ; mais les forterelles émoulsèrent en
quelque façon le brillant de leurs fuccès. Les Français

connaiffent bien l'utilité des forterefles ; car, depuis
le Brabant jufqu'au Dauphiné, c'eft comme une
double chaîne de places fortes ; la frontière de la
France, du côté de l'Allemagne, eft comme une
gueule de lion ouverte, qui préfente deux rangées de
dents menaçantes et prête à tout engloutir. Cela fuffit
pour faire voir le grand ufage des villes fortifiées. »

Par la fimilitude des effets et des forterefles et
des retranchemens *bien conftruits et bien défendus,* le
roi de Pruffe eût pu établir de même fa propofition
de l'utilité de ceux-ci. Auffi, je le répète, fes objections ne portent-elles jamais que fur des défauts
d'exécution et des difconvenances de localités qui
font rejetées par l'art, et qui difparaiffent fous la
direction d'un génie habile, et fous les efforts d'une
troupe éclairée, bien difciplinée et courageufe.

Il eft une dernière objection que l'on oppofe à
l'utilité des places de guerre et des retranchemens;
l'on prétend qu'*en retranchant le foldat, on lui annonce
fa faibleffe et le danger; qu'il devient timide, qu'il agit avec
molleffe, qu'il eft à demi vaincu par la peur ; tandis que
l'affaillant, intrépide au contraire par l'idée de fa fupériorité,
agit avec une énergie qui lui affure bientôt la victoire.*

Nous avons vu que les Romains n'avaient point
peur dans les retranchemens ; et nous avons vu que
le roi de Pruffe lui-même penfe que la difcipline eft
un remède affuré contre cet inconvénient. Sachons
donc donner au foldat les mêmes impreffions qu'a-
vaient les Romains, et la même obéiffance qu'ont
les Pruffiens.

Le foldat qui fe voit un contre quatre, peut
prendre de la crainte à l'afpect de cette difpropor-

tion , quand il n'aperçoit de son côté aucun moyen de suppléer le nombre. Des terreurs paniques se sont emparé de lui , même à forces égales ou supérieures ; l'on a vu des armées entières fuir en plaine presque sans combattre. Eh ! qui fuyait ? étaient - ce des hommes habituellement timides , souvent accablés sous le fer de leurs ennemis , pénétrés de leur faiblesse ? non ; c'étaient des grecs , des romains , des français , des armées couvertes de lauriers.

Un retranchement dont l'objet est de multiplier les moyens de défense , pour agir avec avantage contre un ennemi plus fort que soi, loin d'intimider , devrait donc au contraire faire disparaître l'image effrayante de l'inégalité. S'il ne produit point cet effet sur les esprits qui n'ont point appris à mesurer sa force, c'est parce qu'on néglige trop de les éclairer ; mais dans le cas de l'ignorance même, le retranchement est au moins un frein contre la fuite, il fixe la valeur chancelante ; et le poltron, forcé dans cette position de choisir entre une mort certaine ou un combat douteux , s'anime bientôt du courage d'un héros. Je dis du courage d'un héros, et cette expression est sans doute trop noble pour peindre les mouvemens convulsifs d'un cœur faible ; mais chacun sait que tel est l'effet de la peur, que ne pouvant échapper au danger qu'elle aperçoit, une espèce de désespoir, un excès d'énergie qui naît d'un excès de faiblesse, produit alors les mouvemens les plus violens ; mouvemens qui, bien qu'ils soient abjects dans leur principe, sont néanmoins dans leur résultat entièrement semblables à ceux du courage. Pour mettre ainsi à profit un sentiment si opposé oppofé à l'efprit militaire, il faut que celui qui commande un pofte où il fe manifefte, trouve dans fon propre courage un fupplément de force affez puiffant pour l'anéantir ; il faut que d'une contenance ferme il fache écrire fur le parapet de fon retranchement : *vaincre ou mourir.*

Mais c'eft-là ce qui arrive rarement. On voit avec peine qu'il eft un pays peuplé de gens qui en valeur le difputent à tous les peuples de l'univers, où cependant il exifte une loi militaire qui défend de capituler avant d'avoir effuyé trois affauts. Et croirait-on que cette loi, qui n'a été provoquée que par l'ignorance, eft fouvent encore reftée fans exécution ? C'eft cependant un fait dont nous fommes forcés de convenir.

S'il eft permis de faire ici une réflexion fur la caufe de cet effet fi bizarre, je dirai qu'une ordonnance qui ne fait que prefcrire un procédé de cette nature, fans éclairer les motifs folides qui le fondent, et les moyens qui peuvent en affurer l'effet, laiffe encore fubfifter tout ce qui peut glacer le courage, et l'empêcher de voir de quelle manière il doit diriger fes efforts pour le faire agir avec fuccès. L'homme le plus brave n'affronte fouvent les dangers évidens que parce que l'efpoir de leur échapper foutient fon ame ; mais lorfque la mort fe préfente à lui comme inévitable, comme l'unique but qu'il peut atteindre, la nature reprend alors volontiers fes droits, et le foldat, qui ceffe rarement d'être un homme, ne voit plus que celui qu'elle réclame pour fa confervation.

Il fuit de là qu'il vaut mieux propager les connaiffances

naiſſances militaires qui peuvent nous convaincre que ce n'eſt que notre faibleſſe et notre ignorance qui pourraient aſſurer les ſuccès de l'ennemi, que d'ordonner une réſiſtance qui, ſeulement enviſagée à l'œil de la crainte et du préjugé, ou entrepriſe ſans le ſecours des lumières, ne peut produire que l'image ou l'effet même de la mort. On gagne tout en plaçant un flambeau dans les mains de la valeur ; et l'on perd tout en la contraignant de ne ſe déployer que dans l'obſcurité.

Quand la fermeté du commandant d'un poſte retranché a été guidée par les connaiſſances, l'effet dont on parle s'eſt rarement produit. Chez le ſoldat tout eſt impulſion, toutes les impreſſions ſe modifient par le poids de l'exemple et le pouvoir de la confiance qu'on ſait lui inſpirer. Les retranchemens de Chiari, défendus en 1701 par le prince *Eugène*, qui fut en exclure la peur, furent l'écueil de l'impétuoſité françaiſe.

Le ſoldat, s'il raiſonne, juge rarement d'après ſa propre manière de voir ; il forme une eſpèce d'écho qui n'articule que des idées étrangères ; et ces idées ſont celles des officiers. Attentif à les recueillir, toujours preſſé de les adopter ſans les pénétrer, parce qu'il manque de lumières, il les répète, il en fait le canevas de ſes démarches et le principe de ſes ſenſations (1). C'eſt ainſi que la confiance et la crainte varient dans ſon cœur, en raiſon de la nature des ſentimens qu'il croit remarquer dans ceux qui ſont chargés de le faire agir, et qui ont un droit acquis de diriger en quelque ſorte tous ſes mouvemens. Un geſte, un propos bien ou mal placé, un

G

air d'affurance ou un filence morne et inquiet, peuvent infpirer du courage à une ame timide, ou bien intimider un homme naturellement entreprenant et courageux. Voyez ce foldat combattre fous un chef d'une valeur froide, intelligent, fage, dont l'air annonce la fécurité, dont l'activité et les talens viennent à l'appui l'un de l'autre, qui peut fe glorifier de quelques fuccès ; puis voyez-le combattre fous un chef agité par l'incertitude et la crainte, tâtonnant tous fes procédés, dont la faibleffe a toujours attiré des revers ; ce foldat n'eft plus le même : aux ordres de l'un, il vole avec enthoufiafme vers les flammes et fous le fer de l'ennemi, il ne voit que les fuccès et la victoire ; aux ordres de l'autre, le plus petit danger l'étonne, il fuirait un enfant, il croit que tout conduit à la défaite et à la mort.

O vous donc qui courez la carrière glorieufe mais pénible des armes, et qui devez avoir l'ambition de mériter un jour le commandement de quelque pofte important, faites de puiffans efforts pour vous former à toutes les vertus militaires, et pour acquérir ce degré de connaiffances qui peut vous mériter la confiance et l'eftime du foldat comme celles du général ! Vous difcernerez alors les dangers réels de ces vains fantômes qui n'effrayent que l'ignorance ou la faibleffe ; vous appliquerez les remèdes qui conviennent aux uns, et vous faurez infpirer le mépris que méritent les autres : la gloire, dans les revers même, fera toujours placée à votre côté. Ayez furtout cette circonfpection précieufe et rare qui nous apprend à modifier nos mouvemens, en ne leur permettant jamais d'exprimer au-dehors une

idée qui puisse produire le dégoût ou glacer le courage. Applaudissez au contraire, à l'approche d'une
action, à toutes les dispositions qui ont le succès pour
objet; concourez à leur but avec un zèle énergique
et soutenu avec constance, avec uniformité. C'est
dans ce moment qu'il est sage de savoir déguiser
l'imperfection. Quand on est sans mission et sans
pouvoir pour la corriger, se mettre alors au rang des
frondeurs devient un coupable écart de l'amour
propre, une réclamation séditieuse qui provoque
la peur, le désordre, l'indiscipline. En donnant,
au contraire, l'exemple de l'obéissance et des efforts
utiles, en présentant au-dehors l'image de la tranquillité, en pénétrant chaque individu d'une opinion
favorable au but qu'on se propose, en répétant surtout que c'est de la présence d'esprit, jointe à l'énergie
de l'action qu'on obtient le plus grand degré de
la force ; on enchaîne les préjugés, on gouverne le
cœur, et l'on voit disparaître cette crainte que peut
inspirer, à un soldat inexpérimenté, l'idée d'infériorité qu'on suppose que, dans sa trop grande ignorance, il attache à sa position dans des retranchemens.

Tels sont les raisonnemens par lesquels on a
combattu, dans divers ouvrages et dans des discussions de société, l'utilité des places fortes et des
retranchemens ; et tels sont aussi en général les faits
et les raisonnemens qui détruisent, jusque dans ses
fondemens, le systême des détracteurs de la fortification.

COROLLAIRES.

Passons de la folution de cette grande queſtion à quelques‑unes des conféquences non moins importantes qui en découlent.

La première, c'eſt la néceſſité de conferver, autant qu'on le peut, toutes les places de guerre qui exiſtent. (*h*)

Ce n'eſt pas qu'il foit raifonnablé de leur attribuer à toutes le même degré d'utilité, et bien moins encore un très-grand effet ; mais l'abandon de celles-là même qui font furabondantes dans la délimitation actuelle de la France, de celles qui n'étaient deſtinées à figurer dans les circonſtances qui en ont indiqué l'érection, que comme des poſtes, ne pouvant jamais, ainfi que le remarque l'auteur des *Confidérations militaires et patriotiques*, devenir l'objet d'une épargne digne d'une férieufe attention, après qu'on en aura dégagé les dépenfes qui n'ont aucune relation avec l'entretien de leur enceinte ; il paraît démontré qu'il eſt plus avantageux encore de les conferver que de les abattre, puifqu'il eſt vrai de dire qu'il eſt impoſſible, à la politique la plus prévoyante, d'affurer que ces circonſtances, auxquelles elles doivent l'exiſtence, ne renaîtront jamais. Les mêmes caufes qui ont reculé nos limites peuvent, en agiſſant contre nous, les reſſerrer ; il ne faut qu'un général mal‑adroit, une campagne malheureufe, des négligences ou de la faibleſſe dans la défenfe des places de première ligne, pour voir la fureté de nos provinces intérieures repofer fur quelqu'une de ces places qu'on peut, à la rigueur, regarder aujourd'hui

comme inutiles. Béfort, Scheleſtat, Phalsbourg, les
châteaux de Bitsch, Lichtemberg et la Petite-Pierre,
étaient les ſeuls points qui défendaient la France
après que l'armée autrichienne eût paſſé le Rhin
en 1744, par un mouvement auquel perſonne ne
s'attendait.

Vouloir qu'un royaume ſoit hériſſé de villes de
guerre, ce ſerait donner dans un extrême qu'il ſerait
trop déraiſonnable de conſeiller; mais s'il eſt telle
place dont on ne conſeillerait pas la conſtruction
aujourd'hui, dans ce moment de paix où nulle
crainte ne nous agite, il ne faut pas moins la conſerver puiſqu'elle exiſte, et qu'elle peut exiſter bien
des ſiècles encore avec une légère dépenſe. L'ignorance
dans laquelle on eſt ſur celle-ci en groſſit l'objet,
et réveille l'attention des économes; mais quand on
ſonge à la dangereuſe promptitude des agens deſtruc-
teurs, et à la lenteur inévitable des cauſes produc-
trices, cet objet fût-il moins inſenſible, il ſemble que
ce n'eſt point ſans trembler qu'un bon citoyen oſerait
porter une main deſtructive ſur une défenſe dont l'abſence peut, par un ſeul événement qu'il ſerait abſurde
et préſomptueux de ſuppoſer impoſſible, expoſer ſa
patrie aux dangers les plus imminens. Une ſurabon-
dance d'armes eſt une richeſſe; il ne faut s'en défaire
que pour les raiſons les plus déterminantes; et l'on ne
pourra jamais compter au nombre des raiſons de cette
claſſe ces petites économies qui ſemblent plutôt tenir
aux calculs d'un particulier borné dans ſes moyens de
dépenſe, qu'à ceux d'un grand Etat qui ne doit pas
craindre de laiſſer ſubſiſter et de prodiguer même,

jufqu'à un certain point , les fignes de fa richeffe et les garans extérieurs de fa puiffance.

M. le comte de *Saint-Germain* , qui ne manquait ni d'attachement au bien de la chofe, ni d'économie, ni de lumières fur l'art de la guerre, jugeant avec raifon que l'enceinte même la plus mal ordonnée pouvait être de quelque fecours , loin d'opiner pour la démolition des villes fortes , fit au contraire ordonner que les murs de toutes les petites villes, purement municipales, fuffent confervés et réparés avec le plus grand foin. En conféquence les officiers du génie furent chargés d'en faire l'infpection de temps à autre, pour s'affurer qu'on ne fe permettait ni négligences ni deftructions contraires à leur folidité, et aux moyens de défenfe qui peuvent leur être appliqués.

Nous ne répéterons pas ici ce que dit l'auteur des *Réflexions militaires et patriotiques*, fur le projet de détruire ou d'abandonner un grand nombre de nos places et poftes fortifiés. Ses obfervations didactiques font généralement faines , judicieufes et faites pour produire fur les efprits non prévenus l'effet qu'il en attendait ; c'eft dommage feulement que fes idées fe trouvent délayées dans une amertume qui ne peut rien ajouter à la force de fes preuves (*i*). Il eft un autre point encore fur lequel trop de vélocité dans fa plume paraît avoir égaré fes argumens. Il femble n'attribuer qu'un objet offenfif aux places de première ligne placées fur les points extrêmes de la frontière, et paraît penfer que c'eft fur les places de la feconde ligne , établies en arrière des limites , que doivent repofer effentiellement les moyens de la défenfive. Si

c'était-là sa pensée, elle serait en contradiction avec
le principe généralement reconnu. Sans entrer ici
dans une discussion détaillée, je dirai seulement
que je crois que les places de la première ligne ont
pour objet essentiel d'arrêter l'ennemi au premier pas
qu'il fait dans le dessein de dévaster ou d'envahir
un terrain, et qu'il me paraît évident que c'est
nécessairement le point le plus extérieur de la frontière qui remplit le mieux cet objet, lorsque la position qu'il offre est d'ailleurs bonne en elle-même. A
quoi bon, en effet, découvrir à l'ennemi et commencer par lui abandonner une partie du terrain que
l'on veut lui disputer ? Les ravages qu'il peut y
exercer dans une retraite, et les contributions qu'il
peut y lever, sont-ils donc des désastres qui ne
mériteraient point notre attention, et qui pourraient
au contraire contribuer au succès de la défense ?
M. de *Vauban* ne pensait pas ainsi. Les Impériaux
débouchaient volontiers par les défilés de la forêt
Noire, pour passer le Rhin vers les frontières de
Bâle ; cette manœuvre lui fit sentir la nécessité de
défendre ce point de l'Alsace ; il construisit en conséquence la fortification de Huningue, qu'il plaça
immédiatement sur la rive gauche de ce fleuve,
quoiqu'une position plus reculée lui aurait procuré
l'avantage d'un grand commandement sur tout le
pays placé entre cette position et le point plus extérieur qu'il crut devoir lui préférer. Cette place a au
contraire parfaitement bien rempli cet objet. Huningue est de peu d'effet pour l'offensive, parce que
l'ennemi peut facilement garder et défendre les défilés
de la forêt Noire et l'accès du Brisgaw. Aussi manquâ-

mes-nous le projet de la jonction de nos troupes à celles de Bavière, en 1702, quoique **M.** le maréchal de *Villars* eut gagné la bataille de Fridelingue.

Les places de la première ligne n'en ont pas moins l'avantage offenfif que leur attribue l'auteur des *Réflexions militaires;* mais cet avantage, tout précieux qu'il eft, n'eft que d'une confidération purement fecondaire.

Les places de la feconde ligne font de la plus grande utilité quand l'ennemi eft occupé à faire le fiége de quelqu'une de la première : ce font des boulevarts fous le canon defquels peut fans ceffe manœuvrer une armée de fecours, que l'on forme, au befoin, de la réunion de leurs garnifons. Ils refferrent et inquiétent ainfi fortement l'ennemi dans fes opérations; enfin ils remplacent la première ligne, fi l'ennemi parvient à la forcer.

Les places de feconde ligne renforcent donc la défenfe de la première, et arrêtent encore les progrès de l'ennemi, dans un moment victorieux où il ne lui refterait qu'à marcher en avant pour conquérir des provinces entières, fi ces places n'exiftaient point. Le même avantage ferait commun à toutes les forterefles plus reculées encore, et toujours progreffivement en arrière, s'il ne fallait point admettre des limites dans leur nombre, s'il était raifonnable de penfer qu'il eft poffible à l'ennemi de franchir une fuite de ces barrières, enfin fi c'était aux villes fortes feules qu'on dût confier la défenfe d'un Etat, et fi chaque village pouvait avoir fes remparts.

La feconde conféquence qui réfulte de l'utilité des places de guerre et des retranchemens, c'eft la

néceffité indifpenfable dans laquelle fe trouve tout
militaire , fans exception de grade , d'étudier l'art
de la fortification , et de l'approfondir plus ou
moins , fuivant la nature du fervice de l'arme particulière à laquelle il eft attaché. Nous avons vu que,
fi *Céfar* conquit les Gaules avec de petites armées,
il ne dut cette gloire qu'à fon adreffe dans le choix
de fes pofitions, et à fon extrême attention à fe bien
retrancher alors même qu'il ne comptait y paffer
qu'une nuit. Ce fut trop tard que *Vercingétorix*
s'aperçut de l'avantage de cette méthode , et ce fut
trop tard qu'il exhorta les Gaulois à s'exercer dans
l'art des retranchemens. En effet , comment s'inftruire dans l'inftant même où l'on a déjà befoin de
connaître ? Les leçons qu'on ne veut tenir que de
la malheureufe expérience des défaites, font dangereufes , lentes , et ne complettent nos lumières que
lorfqu'elles ne peuvent plus remédier aux défaftres
déjà confommés par l'ignorance. Auffi les Gaulois
n'échappèrent-ils pas à l'entière défaite que les talens
de *Céfar* et de fes foldats avaient droit de fe promettre.

Malgré de tels faits et tous ceux dont l'hiftoire
ancienne et moderne nous a donné les détails, les
préjugés font en général fi opiniâtres, qu'un officier
d'un grade très-diftingué me dit un jour, avec ce
ton fentencieux que fa fupériorité militaire femblait
autorifer, qu'il fuffifait qu'un officier de la ligne sût
exercer fa troupe ; qu'une obéiffance aveugle et
purement mécanique devait être fon unique talent;
qu'en multipliant trop les connaiffances on élevait
des prétentions ; que toujours l'ignorance était

plus fouple et moins à charge; que le Français favait tout vaincre avec fon courage; que la nation étant naturéllement légère, peu fufceptible d'application, on ferait de vains efforts pour répandre parmi une jeuneffe irréfiftiblement entraînée vers les plaifirs et la diffipation, une certaine maffe de lumières qui demanderait quelque contention ; que les Gaulois avaient été de même autrefois, et qu'à jamais cela ferait ainfi, parce que cette conformation tient à l'influence du climat, dont *Montefquieu* nous a fait connaître la puiffance, &c. Quelle fuite de paradoxes! O mes camarades! je vous reconnais des facultés plus étendues, et je vous affigne des fonctions plus nobles, des moyens plus propres à mener à cette gloire que vous aimez tant. Dès qu'on vous aura montré un chemin plus court et plus fûr que celui que pourrait vous frayer la fimple valeur; oui, je le dis, j'en fuis affuré, on vous verra vous élancer dans cette route au mépris de vos plaifirs; —celui de l'inftruction tiendra le premier rang parmi eux, il deviendra même un befoin.

Je conviens de la néceffité d'une obéiffance abfo-lue (*k*); mais je crois en même temps que plus un homme fera éclairé, plus auffi il fentira cette néceffité, plus il s'y foumettra. C'eft bien plutôt à la ftupidité de l'ignorance qu'il faut attribuer ces faux raifonnemens, cette roideur d'efprit et de caractère qui rendent certains hommes fi difficiles à con-duire. Sous cet afpect feul les connaiffances font en général de la plus grande utilité. C'eft ce qui a fait dire à M. de *Châtellux* que l'inftruction eft ce qu'il y a de plus défirable pour les hommes; qu'ils doivent

tendre vers ce but par tous les chemins qui y con-
duifent ; qu'il eft toujours dangereux de leur en
interdire les avenues ; et que rien n'eft plus propre
à affurer la durée des Etats, que cet équilibre de
réfiftance qui naît d'une inftruction et d'une expérience générales. Ce font les lumières qui meuvent
et qui organifent tout ce qui eft fufceptible d'un bon
effet, tout le bien qui peut réfulter de la liberté des
agens comme de leur dépendance réciproque. Si ce
principe eft inconteftable, pourquoi voudrait-on lui
attribuer une exception dans fon application à l'état
militaire ? Serait-ce que ceux qui fentent qu'il eft
défavorable à leur réputation, penferaient mériter
avec plus de juftice une préfidence, fi nous ne com-
pofions qu'un corps d'aveugles ? On pourrait le
penfer ; mais leur ambition ferait encore trompée.
Quel que foit leur motif, je ne chercherai point à développer ici en détail tous les avantages qui peuvent
réfulter des connaiffances généralement répandues
parmi tous les officiers d'une armée : fi je m'appe-
fantiffais trop fur la difcuffion d'un paradoxe qui
n'eft plus digne que du dixième fiècle, on m'accu-
ferait de penfer qu'il eft poffible que les apôtres de
l'ignorance fe trouvent en grand nombre parmi mes
lecteurs ; et cette fuppofition injurieufe eft trop loin
de ma penfée.

Mais il eft d'autres impreffions qu'un jour, en
apparence plus favorable, pourrait accréditer fi elles
étaient protégées par le penchant individuel, par
l'inexpérience ou par le défaut d'ufage dans la
réflexion ; ce font celles qui réfulteraient de l'opinion
que c'eft la nature elle-même qui nous a condamnés

à cette infouciance, à cet éloignement irréfiftible pour les objets férieux ; et que nous ferons toujours auffi incapables d'une certaine application, que capables de nous battre en braves. D'autres raifonneurs que l'officier dont j'ai rapporté les expreffions, avaient fourni la bafe de cette opinion, et avaient dit avant lui : Le Français aime l'état militaire qui flatte fon courage, mais il n'en aime point l'art qui contrarie fa pareffe, fes plaifirs et fa légéreté. Ainfi le guerrier le plus jaloux d'acquérir de la gloire ne veut l'acheter que par des efforts de valeur. Se bat-on ? fi fon maître n'a point d'ennemis, il fait bientôt s'en créer lui-même ; il vole à Candie, en Pologne, en Turquie, en Amérique ; il volerait aux extrémités du monde ; il oublie fes intérêts les plus chers pour affronter les périls et en retirer un laurier, qu'à l'imitation de ces anciens et nobles chevaliers dont la générofité et les exploits font encore l'admiration de nos fiècles modernes, il vient enfuite dépofer aux pieds de fa maîtreffe. Mais ne fe bat-on pas ? l'accord eft-il univerfel ? il veut s'enivrer de plaifirs au fein de la paix, comme *Annibal* s'enivrait dans Capoue, comme les Grecs qui venaient de détruire l'empire des Perfes s'enivraient dans Babylone. Ainfi l'efprit de galanterie, par un effet affez bizarre, fait allier le goût de l'héroïfme qui néceffite toutes les privations, au goût de la molleffe qui recherche toutes les jouiffances. Otez au militaire français fon penchant trop vif pour les plaifirs, il devient un fpartiate ; ôtez-lui fon amour pour la gloire, il n'eft plus qu'un fibarite. C'eft peut-être à ce défaut national qu'on doit l'équilibre du monde ; mais ce défaut paraît tenir à ces caufes phifiques qui font que le cheval efpagnol vaut moins à la courfe que le cheval anglais, qu... ... plus ardent et peut-être encore plus courag... que lui.

Sans nous arrêter à examiner jufqu'à quel point ce portrait eft reffemblant, jetons un coup d'œil fur le principe célébre qu'on lui applique, pour fixer les idées de ceux à qui leur âge, leur éducation, ou bien un efprit trop flexible fous les impreffions du préjugé, rend encore utile l'expofé des argumens et des faits par lefquels on peut détruire les fauffes conféquences que les mauvais logiciens tirent d'un bon principe; on verra que, quand nous ferions brûlés par la zone torride, que quand nous profefferions la reli-gion de *Mahomet*, nous n'en trouverions pas moins en nous cette énergie qui peut dompter notre volonté, modifier nos habitudes et nos penchans, et qui produit en tous genres les effets les plus grands et les plus utiles, dès qu'on fait la mettre dans toute fon activité par des mobiles affez puiffans pour la diriger vers ce but.

M. de *Montefquieu*, en rapportant les goûts, les préjugés et le génie des peuples à l'influence des climats qu'ils habitent, n'a fans doute jamais prétendu donner une fignification trop abfolue et trop reftreinte à ce principe. Il n'imaginait pas que la caufe phyfique développée à nos yeux par fes profondes obfervations, dût jamais juftifier nos erreurs et nos fauffes opinions, comme le prin-cipe abfurde de la fatalité défend nos vices et nos déportemens. Un génie vafte qui peint en grand, néglige fouvent l'analyfe de fes idées ; il laiffe le

foin d'en déterminer les modifications à l'œil judicieux fous lequel il place fon tableau.

Les écrivains ou les parleurs qui fe font appuyés
fur quelques obfcurités d'expreffion, pour reprocher
à l'auteur profond de l'*Efprit des lois* de faire
dépendre d'une manière abfolue toutes nos affections
du climat, paraiffent lui avoir fait injuftice. On peut
du moins le penfer en examinant avec quelque
attention ce qu'il dit à cet égard. Voici comme il
s'exprime : *La chaleur donne d'un côté un corps faible,
et de l'autre une imagination vive : voilà pourquoi les
Indiens ont, à certains égards, tant de courage, et à
d'autres tant de faibleffe. La faibleffe du corps rend naturellement pareffeux ; de là l'attachement de ces peuples à
leurs ufages : cette faibleffe portant à fuir les travaux
même néceffaires, les légiflateurs fages doivent au contraire
par leurs lois encourager le travail, au lieu de favorifer
l'indolence.... Il n'y a peut-être pas de climats fur la terre
où l'on ne pût engager au travail des hommes libres ; parce
que les lois étaient mauvaifes, on a trouvé des hommes
pareffeux.*

M. de *Montefquieu* a donc penfé que le pouvoir
du gouvernement et des lois étaient des agens très-
propres à modifier l'influence des climats les plus
décidés.

En parlant ailleurs du génie, des coutumes et des
habitudes des hommes, il dit que, dans les pays
tempérés, le climat n'y a pas une qualité affez
déterminée pour les fixer eux-mêmes.

Cette exception regarde évidemment le climat de
la France, et peut fervir de réponfe à la difficulté
que nous agitons. En rapprochant les idées de cet

illuftre auteur, on voit qu'il penfait qu'en France
les lois et l'inftitution ont fur les mœurs et les habitudes une influence d'autant plus grande, que celle
du climat y eft plus faible ; et, en général, que
l'influence du gouvernement eft par-tout en raifon
inverfe de celle du climat.

Ces obfervations, en fefant tomber les reproches
que les critiques ont faits à notre auteur, d'attribuer
à la température un effet abfolu, nous démontrent
en même temps la fauffeté de l'application qu'on a
faite de fon principe, chaque fois que l'on s'en eft
fervi pour attribuer nos défauts et nos erreurs à la
région que nous occupons, et pour en conclure
l'impoffibilité de les corriger. On ne peut fe refufer
à cette conféquence fans être dans l'opinion, prefque
abfurde, que la variété des hommes et des générations fous les mêmes zones, ainfi que leur fimilitude
fous des températures différentes, font des tableaux
qui, tout frappans qu'ils font, même pour un œil
vulgaire, ont échappé à la vue pénétrante de ce
profond obfervateur.

S'il fallait penfer, malgré cela, que quelques
expreffions trop reftreintes, échappées au feu de l'élo-
quence, étaient entendues par *Montefquieu* dans un
fens rigoureux et littéral ; nous pourrions dire que le
principe de l'influence abfolue des climats, confidéré
fous cet afpect, eft un bel écart d'un grand génie,
une fiction féduifante enfantée par une imagination
vafte, qui fe fentait preffée par le befoin d'expliquer
par une caufe fimple et univerfelle, des effets variés
et particuliers, dont les refforts plus compliqués,
plus nombreux, plus dégagés les uns des autres,

demandaient un examen de détail. Ce n'eft pas qu'il ne foit très-évident que cette caufe a une action réelle, qui décidera de la différence de deux hommes formés fous des climats différens par les feules mains de la nature : l'obfervation en avait été faite avant *Montefquieu* par les plus anciens médecins, au moral comme au phyfique. Mais cette différence difparaîtra, ou s'affaiblira du moins confidérablement, chaque fois que l'on faura employer les agens moraux que l'expérience nous a fait connaître comme très-propres à les rapprocher. (*l*)

En effet, c'eft à ces agens feuls que l'on peut attribuer la variété fi fenfible qui diftingue les différentes générations qui fe fuccèdent fur le même point du globe ; variété qui s'étend à tout ce qui conftitue effentiellement le caractère des nations ; je veux dire à la religion, aux mœurs privées et publiques, aux connaiffances, à la force phyfique et individuelle, et aux vertus militaires.

J'abandonne au philofophe la recherche de toutes les efpèces de preuves de faits qui appuient la généralité de cette affertion (*m*). En me renfermant dans ce qu'elle a de relatif à mon objet, je ne parlerai que des révolutions fouvent totales et rapides, occafionnées dans les mêmes régions par les modifications différentes de notre énergie et de nos vertus militaires.

Parcourez l'hiftoire, et voyez les Macédoniens tributaires d'Athènes ; ils ne font pas ces Macédoniens vainqueurs de la Thrace et de l'Illyrie, commandant dans toute la Grèce ; ils font bien moins encore ces Macédoniens maîtres de toute l'Afie et de la majeure partie de l'Afrique ; et ceux-ci, dont la gloire et la puissance s'étaient édifiées sur les débris de tant de royaumes et de républiques, ne se retrouvent plus dans ceux qui ornèrent le char de triomphe de *Paul-Emile*, et bien moins encore dans ceux qui plient aujourd'hui avec une rampante basseße, sous les chaînes du despotisme oriental.

Les Perses vainqueurs de l'Egypte sous *Xerxès*, ne sont pas les Perses vaincus à Arbelles sous *Darius*, et soumis quelque temps après aux Parthes. Sous *Cosroës* la Perse reprend son étendue et sa gloire ; ce prince soumet les Arabes et les Tartares jusqu'aux frontières de la Chine. Les Indiens voisins du Gange, et les empereurs Grecs même, se voient forcés de lui payer un tribut ; mais la molleße arrache bientôt aux Perses tant de conquêtes et tant de lauriers. Sous le gouvernement vicieux des eunuques et la dinastie des sophis, elle retombe dans l'avilissement et se ruine pour jamais.

Leck, *Grack*, *Piast*, *Bolesłas - Chrobi* et *Cásimir I*, tirent succeßivement la Pologne de sa barbarie, mais sous ces princes elle est encore faible. *Uladislas* est le premier qui ose lutter contre la puißance ottomane, et qui triomphe des forces de la maison d'Autriche. *Sigismond I*, toujours victorieux, fait se faire craindre par *Soliman* même qui ne ménageait rien ; et *Etienne Battori* soutient cet état de grandeur, et lui donne la base la plus solide, en se fesant une loi de ne distribuer les honneurs et les emplois qu'au mérite. Mais *Sigismond III*, qui joint l'obstination à l'ignorance ; *Cásimir V*, qui est un dévot aveugle ; et *Michel Wiesnovieski*, qui porte un caractère flottant et incertain, donnent de grandes atteintes à cette profpérité qui fut toujours en décroiffant fous leurs règnes, jufqu'à l'époque où l'activité et les talens de *Jean Sobieski*, après avoir préparé la victoire de Choczim, relevè-rent, par une fucceffion d'autres faits non moins éclatans, cette gloire abattue. On fait que l'anarchie l'a fait difparaître encore depuis, et que ce mal-heureux pays récemment démembré par la Ruffie, la maifon d'Autriche et la maifon de Brandebourg, eft tombé, fous le règne de *Poniatowski*, dans une impuiffance prefque abfolue.

On voit la Ruffie, vers le milieu du onzième fiècle (*n*), au faîte de fa grandeur ; au commencement du treizième, elle paffe fous le joug des Tartares : non que le Ruffe ait jamais manqué de courage ni des autres qualités morales et phyfiques qui forment un excellent homme de guerre, mais parce qu'il com-battait dans une profonde ignorance de l'art mili-taire, tandis que fon ennemi agiffait fur des principes de tactique, et qu'il favait attaquer et défendre les villes fortes (*o*). En n'oppofant à un tel ennemi que du courage, les efforts des Ruffes, dit un écrivain, devenaient néceffairement femblables à ceux du vent, dont toute l'impétuofité ne faurait arrêter le cours d'une rivière.

Il femble qu'il foit dans l'ordre de la deftinée des nations de les voir toutes s'endormir au fein de la profpérité, d'un fommeil qui les conduit de l'énergie à la faibleffe, de la gloire au mépris ; et que le dernier période de l'aviliffement doit produire leur réveil, et faire renaître pour chacune les vertus propres à lui rendre fa force et fa fplendeur. C'eft du moins ce qui femble confirmé par les révolutions, pour ainfi dire, périodiques auxquelles l'hiftoire nous les montre tour à tour foumifes. Cet effet eft furtout remarquable dans la deftinée des Ruffes. Leurs vainqueurs s'étant endormis fur leurs lauriers, ils profitèrent de la décadence des kans de la orda d'or pour reprendre leur liberté ; et depuis le commencement du dix-feptième fiècle, où la maifon de *Romanow* monta fur le trône, cette nation belliqueufe, en paffant par différens événemens heureux, préparés par la propagation des principes de l'art militaire, femble être montée au plus haut point de puiffance que fon immenfe étendue, comparée à fa population, à fes moyens de commerce et au fyftême politique de notre temps, femblent comporter.

Les peuples de la Bugie, qui étaient autrefois reconnus pour les plus courageux de la côte feptentrionale de l'Afrique, devinrent efféminés par une longue oifiveté.

On prouverait, je crois, difficilement que les Français gouvernés par *Louis XVI* ont les mêmes penchans, les mêmes habitudes, les mêmes préjugés, le même efprit national que fous *Clovis* et *Louis IX*. Nous ne doutons pas que les Francs et les Gaulois différaient en force et en grandeur des citoyens d'Orléans, de Paris et de Verfailles ; pourquoi pourrait-on penfer que ces modifications phyfiques font les feules que leurs fucceffeurs aient éprouvées, alors que ce n'eft que par l'étroite influence du phyfique fur notre moral, que l'on peut accréditer l'opinion de l'influence des climats fur nos mœurs ; alors que ces deux individus pris fous la même zone, foit à des époques éloignées, foit dans le moment préfent, pour les comparer entre eux, fe préfentent à nos yeux avec la même différence que l'on remarquerait aujourd'hui entre un caraïbe et un habitant de Smyrne ?

Sous *Frédéric II*, les débris raffemblés d'un petit Etat feudataire, récemment encore divifé entre la Pologne et les chevaliers teutoniques, prennent un accroiffement confidérable de force et d'importance : la Pruffe chemine d'un pas rapide à la gloire, à l'aide d'une fine politique foutenue des plus grands talens militaires.

On ne peut parler grandeur et faibleffe fans citer Rome ; elle préfente l'image de toutes les révolutions, de tous les extrêmes, peut - être même de tous les poffibles politiques. Comparons donc Rome du temps de fes premiers rois, ou bien Rome du temps de *Régulus* et de *Scipion*, le deftructeur de Carthage, à Rome gouvernée par *Héliogabale*; Rome du temps de *Céfar* et d'*Augufte*, à Rome foumife au gouvernement paifible des pontifes de l'Eglife, et donnant à l'univers des leçons de chant, après lui avoir infpiré pendant tant de fiècles la terreur par la puiffance de fes armes; et concluons enfin, à la fuite de ces comparaifons, qu'une même nation peut fe voir fucceffivement foumife à toutes les variations qui, dans fes habitudes, fon énergie et fes talens militaires, la rendent, en différens temps, effentiellement différente d'elle-même.

Les différentes températures, en donnant aux hommes différens befoins et différens goûts, en fefant rechercher l'ombre à l'Indien, un foyer au Norvégien, le repos à tous deux quand leurs befoins font

fatisfaits, n'en laiffent pas moins fubfifter, dans l'ame
de chacun, ce moteur puiffant et univerfel qui lui fait
facrifier les jouiffances préfentes à l'efpoir de les
étendre dans l'avenir, de s'en procurer de nouvelles,
de plus variées, de plus parfaites, de plus durables.
Combien l'efprit d'intérêt, le défir de la domination,
celui de la gloire, ne donnent-ils pas de prife fur
notre imagination (*p*)! avec quelle facilité ne nous
portent-elles pas à accepter même des chaînes, lorfqu'on peut nous les faire envifager comme un
moyen d'atteindre à une plus grande liberté! Or,
cet amour des richeffes, cette ambition de commander, de jouir d'une réputation éclatante, d'une
plus grande indépendance, d'un plus grand bien
quelconque, font dans tous les hommes en général
un germe qui ne s'altère jamais; il eft auffi entier
dans le cœur de l'Afiatique qui brûle fous la zone
torride, que dans celui du Lapon, dont les fens font
glacés par des frimas éternels; il ne lui faut, dans
l'un et dans l'autre, qu'un véhicule propre à le faire
éclore : et remarquez que ce véhicule, prefque toutes
les fois qu'il s'eft manifefté, a été fourni par des
circonftances ou par des agens intelligens, modifiés
dans ce climat même où l'on a pu le voir produire
une révolution totale dans les habitudes et la conftitution d'un peuple.

Ainfi l'impulfion d'un feul homme fuffit fouvent
pour changer la face d'un Etat, et pour modifier
l'efprit national ; ainfi les générations oppofées fe
fuccèdent fous la même latitude, comme *Trajan*
fuccède à *Néron* dans le même capitole. Ces variations font effentiellement dues à l'intérêt perfonnel,

mobile général de toutes nos actions. Dans toute
fociété, l'importance d'un objet eft mefurée au poids
de celle que leur accordent les dépofitaires du pouvoir, les difpenfateurs des grâces ; et la maffe des
intérêts individuels ainfi modifiés à leur gré, forme
ce que l'on appelle l'efprit national. C'eft ce qui
fefait dire à *Caton* le cenfeur, en parlant à fes concitoyens : Vous mettez le prix non-feulement aux
diverfes fortes de pourpre, mais encore aux études
et aux arts : car, comme les teinturiers emploient la
pourpre la plus recherchée et qui plaît le plus, de
même nos jeunes gens n'apprennent et ne recher-
chent que ce que vous approuvez et vous louez. A
quoi un critique ajoute que cet effet a lieu, parce
qu'il n'y a que cela qui mène à la fortune.

Ce fut par ce mécanifme politique que le tyran
Nabis corrompit l'auftère Lacédémone ; ce fut par ce
même mécanifme que *Numa* rappela le belliqueux
Romain à la juftice, à l'amour de la paix et au culte
des dieux. Dans les Etats mixtes, ces modifications
fe produifent plus lentement que dans les Etats
monarchiques, parce que la volonté qui les détermine eft une volonté collective.

Ces réflexions nous fourniffent l'occafion de
remarquer que ce n'eft conféquemment point fans
juftice qu'on décerne à un prince les lauriers cueillis
par fes généraux. C'eft lui qui prépare les fuccès ;
ce font fes difpofitions qui font éclore l'activité, le
courage, les talens, l'ordre, les tréfors, toutes les
caufes en un mot qui peuvent y concourir. C'eft ce
qui a fait dire que *les rois et les miniftres créent tous ce
qu'ils protégent*. Ainfi, quand *Louis XVI* arrache au

fier Breton à la fois l'empire des mers et ses possessions les plus précieuses dans le nouveau monde, quand ce monarque affranchit le commerce de toutes les nations, elles lui doivent toutes un laurier.

On ne doit point inférer de ce que nous avons dit, qu'un gouvernement peut réformer tous les abus, détruire rapidement tous les préjugés. Il faut considérer un corps politique comme un individu qui a des infirmités et des mauvaises habitudes qu'il ne faut souvent attaquer qu'avec lenteur, avec circonspection, et dont on ne doit attendre l'entière guérison que des remèdes prudemment ménagés et de l'effet du temps. Mais cette influence dont nous parlons, a un prompt et entier effet sur les corps particuliers qui tiennent leur existence, leur constitution, tous les biens dont ils jouissent, directement des mains du souverain. Tel est par exemple, et surtout, le corps de l'état militaire.

En nous bornant ici seulement aux idées relatives à notre objet, il résulte donc de toutes nos discussions cette conséquence qui forme une maxime d'administration militaire : *Il est toujours aussi possible qu'important de repandre une certaine masse de connaissances utiles parmi les officiers d'une nation quelconque.*

Combien la pénétration naturelle du Français ne facilite-t-elle pas leurs progrès ; et combien son émulation ne le rendrait-elle pas actif, si on lui présentait un véhicule pour l'exercer ! Nos académies, nos politiques, nos jurisconsultes, en un mot, nos savans et nos artistes en tous genres, sont aussi profonds, aussi multipliés au moins que chez les autres nations les plus éclairées. Faudrait-il un génie plus transcen-

H 4

dant et plus rare pour l'art de la guerre ? ou bien les français qui compofent notre état militaire feraient-ils au refte de la nation , ce que la moulle pétillante et légère eft au vin de Champagne ?.... Mais depuis long-temps la marine , le génie et l'artillerie donnent l'exemple des grands fuccès dans les études abftraites; et depuis vingt ans l'infanterie et la cavalerie ont fait les plus grands pas vers la perfection de la dif- cipline et la connaiffance des manœuvres. Pourquoi ces armes n'iraient-elles pas plus loin encore ? Qu'on vienne à leur fecours avec des moyens d'inftitution combinés fur la nature de leur fervice ; que des grades ou d'autres diftinctions deviennent , s'il eft poffible , la récompenfe affurée de l'officier le plus laborieux , et qui fera preuve de la plus grande portion de lumières devant un juge intègre , infen- fible aux prétentions de la naiffance , fourd aux recommandations de la faveur ; vous verrez bientôt toutes les connaiffances de l'art militaire fe multi- plier et s'étendre. Alors, dans la chambre du plus jeune officier, on trouvera, au lieu de *Candide* et du *Sopha couleur de rofe* , un traité de tactique , des élémens de fortification , de calcul , de géométrie ; on y trouvera *Feuquières* , *Montécuculi* , *Puyfégur* , *Vauban* , *Folard* , *les campagnes de Turenne et de Saxe* ; en un mot, la plupart des livres foit élémen- taires , foit profonds, dans lefquels il pourra puifer des principes de détails ou les grandes vues de l'homme de guerre. Sauf la difficulté de faire pro- noncer le jugement par un tribunal toujours intègre et fuffifamment inftruit des titres de chacun , rien n'empêcherait, ce me femble, que les jeunes gens qui afpirent à entrer dans les troupes de ligne, ne fuffent aftreints, pour y être admis, de fubir un examen préalable qui déciderait de la préférence. Le concours produirait ici fon effet ordinaire ; il ferait éclore l'émulation, et rejetterait de notre état le jeune homme indolent ou diffipé, qui ne le recherche que fur l'appât d'une liberté dont il fe preffe d'abufer, ou de cet éclat extérieur qui nous plaît dans notre enfance. Le goût de l'état militaire et l'efprit du métier fe trouveraient ainfi prefque toujours réunis. En acquérant au début les notions élémentaires, en contractant l'habitude d'une certaine application, on verrait dans l'officier français tous les talens de fon art aller au-devant des grades ; et l'homme de qualité même, foumis à cette épreuve, juftifierait, à connaiffances égales, la préférence à laquelle il prétend et parvient d'une manière peut-être trop exclufive, fur le fimple titre de fa naiffance.

Qu'on ne répète pas que cela multiplierait les prétentions ; c'eft un vain mot. Le plus fûr moyen au contraire de les diminuer, c'eft de ne leur permettre de fe montrer que dans les gens inftruits. Je n'ai point de raifons pour combattre les droits de la naiffance ; mais, comme citoyen, je puis obferver que ceux de la patrie font plus facrés encore, et que l'on peut au moins concilier les uns avec les autres. Nous imitons avec chaleur les autres nations en tout ce qui nous paraît utile à la difcipline, et propre à renforcer la puiffance de nos armes ; nous nous égarons même quelquefois dans l'application des mêmes moyens à des circonftances différentes :

pourquoi n'imiterions - nous pas de même l'ufage évidemment bon et jufte dans lequel elles font , de préférer l'homme inftruit à l'homme feulement titré , et de mettre les princes, de familles fouveraines même , en activité réelle fucceffivement dans tous les grades, pour ne les faire paffer de l'un à l'autre qu'en raifon de leurs travaux ? Cela ferait un meilleur effet encore, dans le corps des officiers que l'inftitution des coups de plat-de-fabre pour le foldat (*q*). Il eft une vérité certaine, c'eft qu'il faut avoir des officiers formés pour l'état militaire, et non point un état militaire organifé tout exprès pour l'agrément de quelques officiers. Cette maxime eft furement le principe favori de l'adminiftration fage , éclairée et labo-rieufe, qui s'occupe depuis quelque temps à jeter un jour fur tout ce qui peut le bleffer, et à frapper fur tous les abus furpris anciennement par la faveur et par l'importunité. Il eft certain que l'inftitution du confeil de la guerre était le moyen le plus propre à les détruire. Au furplus , ma remarque eft d'autant plus impartiale que , quelle que foit la loi que l'on jugera la meilleure à cet égard , je ne puis perfon-nellement y gagner ni perdre.

L'objet qui mérite fans contredit la plus grande attention , c'eft l'exécution des difpofitions de nos ordonnances de 1768 et 1776 , dans les articles qui prefcrivent l'inftruction générale des troupes et des officiers de l'armée, fur la conftruction , l'at-taque et la défenfe des retranchemens. Cette matière eft d'autant plus importante que , tout autre raifon-nement à part, la manière dont nous fefons la guerre aujourd'hui nous met plus que jamais , et

dans les batailles même, dans le cas de défendre
et d'attaquer des postes susceptibles d'être renforcés
par l'art et les retranchemens. Il est plus rare d'exécuter devant l'ennemi de grandes manœuvres, dont
le danger est reconnu.

Nous sommes toujours neufs en fait de retranchemens au début d'une guerre (*r*) : nos travaux sont
lents, imparfaits, une partie de leur effet est perdue,
parce qu'il ne roule que sur l'intelligence des officiers
du génie, dont la plus grande activité ne saurait
réparer en tout point le défaut d'usage et d'instruction dans ceux qui les exécutent.

L'exercice répété sur la construction, l'attaque et
la défense des retranchemens, serait donc de la plus
grande utilité pour le soldat et pour tous les officiers
de l'armée, sans en excepter les officiers généraux
ni les officiers du génie qui, avec une excellente
théorie, manquent la plupart d'un usage qu'il leur a
été impossible d'acquérir dans leur cabinet pendant
une paix de vingt-cinq ans.

Le salut de toute une armée peut dépendre du
succès de la défense d'un poste confié à un officier
particulier détaché. Sans le cri généreux du chevalier d'*Assas*, l'armée française était surprise. Mais si ce
brave officier eût été retranché, il eût sauvé sa vie,
celle de ses soldats, et l'armée n'eût couru aucun
danger. Si la cause générale n'est pas toujours également intéressée dans ces événemens, au moins
l'honneur et le salut personnel d'un officier qui
commande un poste, y sont-ils toujours étroitement
liés. L'attaque de la maison dans laquelle *Charles XII*
se retrancha proche Bender, après la bataille de

Pultava, lui huitième (*s*), contre toute une armée de janiſſaires, eſt en même temps un chef-d'œuvre d'intelligence et de valeur, auquel ce prince dut le ſalut de ſa perſonne et une portion de cette brillante renommée qui le fit comparer à *Alexandre*.

M. le maréchal de *Saxe*, étant encore dans ſa première jeuneſſe, ſe rendit déjà célèbre par la défenſe d'une maiſon du bourg de Cranick en Pologne, dans laquelle il triompha des attaques des Polonais avec dix-huit hommes.

Une raiſon péremptoire qui nous démontre encore la néceſſité de nous attacher à l'étude de la fortification, c'eſt l'intime liaiſon de ſes principes avec ceux de la tactique.

En effet, la perfection de tout art en général ſe réduit à deux objets eſſentiels ; le premier, c'eſt la perfection de ſes moyens ; le ſecond, c'eſt la perfection de l'application de ces moyens au but.

Or, les moyens de la tactique ont pour objet l'art de rendre une troupe tellement manœuvrière que, par les mouvemens les plus ſimples et les plus prompts, elle puiſſe aiſément ſe former, ſe déployer, et ſe porter avec ordre ſur un point ou ſur une direction déterminée, pour y prendre une poſition quelconque. Cette partie de la tactique peut former la matière d'un problème de géométrie, quant aux eſpaces que chaque individu ou chaque maſſe doit parcourir pour arriver à la place qui lui eſt aſſignée ; et j'ai toujours été étonné qu'une queſtion aſſez ſimple en elle-même, qui paraît ſoumiſe au domaine des ſciences exactes, ait conſtamment été abandonnée à des tâtonnemens, à des eſſais qui ne parviennent jamais qu'à des réfultats incertains , fur lefquels l'opinion et l'efprit de fyftême peuvent s'exercer avec cette facilité que l'on fait être fi défefpérante pour les troupes. Je ne fuis pas éloigné de penfer qu'on devrait toute fa confiance à des manœuvres qui auraient été rigoureufement calculées par un d'*Alembert* , auquel on aurait fourni toutes les don-nées néceffaires. Il y a certainement à cet égard un *maximum* de perfection que l'œil du géomètre feul pourrait fixer , et au-delà duquel il n'y aurait plus aucune variation à admettre. (*t*)

La perfection de l'application de la faculté manœu-vrière à l'ordre de bataille , à une action offenfive ou défenfive quelconque , confifte effentiellement à bien faifir les localités , pour connaître les avantages que l'ennemi peut en tirer, et ceux qu'elles peuvent vous procurer à vous-même , pour vous préfenter à lui dans une difpofition de force et d'enfemble , telle que , dans tous les inftans du combat , et quels que foient fes mouvemens , vous vous trouviez toujours par les vôtres dans l'ordre le plus folide de défenfive , et dans la faculté de déployer le plus complettement poffible vos moyens offenfifs , pour vous porter fur les points où vous apercevrez qu'il eft le plus faible. Mais la bafe de cette connaiffance , fur laquelle repofent tous les fuccès qui décident de la deftinée des empires , quelle eft-elle ? *Frédéric II* , roi de Pruffe , nous l'apprend : *c'eft l'art de la for-tification*. Voici comme ce grand maître s'exprime dans fon inftruction militaire à fes généraux : ,, Le ,, coup d'œil , proprement dit , fe réduit à deux ,, points; le premier eft d'avoir le talent de juger

,, combien un terrain peut contenir de troupes.
,, C'eſt une habitude que l'on n'acquiert que par la
,, pratique..... L'autre talent, *beaucoup ſupérieur à*
,, *celui-ci*, eſt de ſavoir diſtinguer au premier moment
,, tous les avantages qu'on peut tirer du terrain. On
,, peut acquérir ce talent et le perfectionner, pour
,, peu qu'on ſoit né avec un génie heureux pour
,, la guerre. *La baſe de ce coup d'œil eſt ſans contredit*
,, *la fortification, qui a des régles dont il faut faire*
,, *l'application à la poſition d'une armée* (*u*). Un général
,, habile ſaura profiter de la moindre hauteur, d'un
,, défilé, d'un chemin creux, d'un marais, &c.

,, Dans l'eſpace d'un carré de deux lieues, on
,, peut quelquefois prendre deux cents poſitions.
,, Un général, à la première vue, ſaura choiſir la
,, plus avantageuſe. Il ſe fera précédemment porté
,, ſur les moindres éminences, pour découvrir le
,, terrain et le reconnaître. *Les mêmes régles de la*
,, *fortification lui feront voir le faible de l'ordre de*
,, *bataille de ſon ennemi.*

,, *On peut tirer beaucoup d'autres avantages des*
,, *régles de la fortification*, comme, par exemple,
,, d'occuper les hauteurs, et les ſavoir choiſir de
,, façon qu'elles ne ſoient pas commandées par
,, d'autres; d'appuyer toujours ſes ailes pour couvrir
,, ſes flancs; de prendre des poſitions qui ſoient
,, ſuſceptibles de défenſe, et d'éviter celles où un
,, homme de réputation ne pourrait ſe maintenir
,, ſans riſquer de la perdre. *Selon les mêmes régles*, on
,, jugera des endroits faibles de la poſition de l'en-
,, nemi, ſoit par la ſituation défavantageuſe qu'il
,, aura priſe, ſoit par la mauvaiſe diſtribution de

,, ſes troupes , ou par le peu de défenſe qu'elle lui
,, procure. ,,

Veut-on voir cet avis renforcé par l'examen de
la propoſition en elle - même? dans ce cas, je
demande qu'eſt-ce qu'un combat quelconque? on
me répond que c'eſt une ſucceſſion plus ou moins
vive de procédés réciproques d'attaque et de défenſe
entre deux partis ennemis.

D'après cette définition, toutes choſes égales d'ailleurs, celui-là ſera donc le vainqueur, qui, dans
ſes diſpoſitions, ſe ſera ménagé les meilleurs moyens
défenſifs et offenſifs.

Or, le ſuccès de ceux-ci réſultera néceſſairement
du ſuccès de ceux-là : car vous ne pouvez prendre
quelque avantage ſur l'ennemi, dans le moment où
vous agiſſez l'un contre l'autre, que par cette raiſon
que votre ordre défenſif, dans l'inſtant même où
vous procédez offenſivement, l'emporte ſur le ſien,
et lui ôte ſur vous une priſe que vous avez au
contraire contre lui. L'équilibre ſe rompt néceſſairement en faveur de celui qui oppoſe le plus de
réſiſtance à l'autre. On pourrait même dire que
toute victoire qui n'eſt due qu'à la ſageſſe du général,
à la nature de l'action elle-même, n'eſt autre choſe
que la conſéquence et le ſuccès d'une bonne défenſive. Auſſi, dans toutes diſpoſitions de combats, *on
commence toujours par la défenſive*, dit le roi de Pruſſe :
il eſt en effet indiſpenſable de ſe garantir ſoi-
même des atteintes de l'ennemi, avant d'employer
les moyens de lui en porter : on a repréſenté une
bataille par une partie d'échecs : les deux premiers

pions ont-ils engagé l'action, on n'attaque plus de
part et d'autre qu'en fe défendant.

Mais qu'eft-ce que fe ménager les meilleurs
moyens défenfifs et offenfifs ?

C'eft, dans tous les inftans de l'action, conferver
cet ordre folide de protection dans lequel chaque
partie du tout fe trouve foutenue par les parties voifines; cet ordre dans lequel on ne peut, pour ainfi
dire, vaincre fur un point quelconque, qu'en
triomphant en même temps de tous les autres. Mais
c'eft précifément cette combinaifon qui exifte dans
un retranchement tracé fuivant les accidens du terrain. Il forme des finuofités dont les parties fail-
lantes occupent les endroits du fol les plus avancés
vers l'ennemi, et les plus élevés, afin de fournir
des feux de flancs aux rentrans, et de conferver
toujours le point de commandement. Les rentrans
fourniffent à leur tour des défenfes aux parties fail-
lantes : les feux fe croifent en tous fens, et font
tellement rapprochés, que chaque arme produit fon
effet le plus entier. Des hauteurs, des haies, des
ravins, des villages, des bois, des ruiffeaux, des
marais, des fleuves, des rochers, des efcarpemens,
tout ce que la nature offre d'accidens et d'obftacles,
y eft mis à profit pour fortifier le point de l'attaque, et en garantir les ailes. La difpofition des
ouvrages eft tellement ménagée que l'ennemi ne
trouve pas à diriger fur eux un feul coup de revers,
d'écharpe ou d'enfilade, quels que foient les mouvemens qu'il faffe, fi d'ailleurs les circonftances du
terrain permettent de l'éviter. Les feux qui partent

d'un

d'un retranchement, font au contraire dirigés fur les points les plus faibles de l'ennemi.

Ce font donc là les lois dont parle fa Majefté pruffienne, et qu'elle prefcrit d'obferver dans le développement d'un ordre de bataille, dans les difpofitions d'un combat quelconque; ce font celles auxquelles on doit refter foumis alors même que les corps particuliers s'ébranlent pour former des attaques, fe rapprocher de l'ennemi, profiter d'un avantage, quel qu'il foit, qui fe préfente. Il faut, que, d'un coup d'œil, affez vafte et affez prompt pour faifir à la fois l'étendue du terrain et l'enfemble des circonftances, on juge comment on doit varier les mouvemens et les combinaifons, d'après les variétés des nouveaux points que l'on occupe, et la nouvelle donnée qu'on trouve dans les changemens que l'ennemi lui-même peut avoir faits dans fa pofition. C'eft cette maxime qui eft exprimée d'une manière concife, lorfque *Frédéric* dit que *le moyen le plus sûr pour remporter la victoire, eft de marcher fiérement et en ordre à l'ennemi, et gagner toujours du terrain.*

Telle eft la grande et difficile théorie de l'art des batailles; tel eft le but effentiel et unique de la tactique: faire en quelque forte d'un corps de troupes, fi je puis parler ainfi, une efpèce de front de fortification vivant, mobile, dont les flancs et les courtines puiffent fe former, s'alonger, fe replier; les faillans et les rentrans fe refferrer et s'ouvrir avec la plus grande facilité, pour que, dans tous les inftans où le tout, ou bien quelque partie, fe meut ou s'arrête, l'ordre de protection et l'enfemble foient

I

toujours les meilleurs poffibles, dans le moment
où vous abordez l'ennemi, comme dans celui où
vous recevez fes attaques ; voilà le plus important
fecret de l'art ; et c'eft la folution de ce problème,
la plus prompte et la meilleure dans chaque cas
particulier, qui doit, toutes chofes égales d'ailleurs,
décider de la victoire.

Comment donc parvenir à ce réfultat fans une
connaiffance détaillée et approfondie des règles de la
fortification ? Ofons le dire, la rareté des bons
généraux d'armée vient en partie du peu d'attention que l'on fait à cette importante vérité.

Il fuit de cet expofé que, comme les meilleurs
principes d'évolutions paraiffent devoir éclore de la
tête du géomètre, de même auffi la meilleure application de ces principes à des difpofitions de combat,
paraît devoir être faifie, dans chaque cas particulier, par le génie qui fe rapprochera le plus de celui
qui créa les difpofitions défenfives de *Vauban.*

Alexandre préfidait et dirigeait fes travaux lui-
même : il fe chargeait les épaules de fafcines pour
en encourager l'exécution. *Céfar* avait profondément
réfléchi les principes de la fortification. Par les
détails dans lefquels il entre dans fes commentaires, fur les dimenfions de plufieurs conftructions,
et par la manière lumineufe dont il les expofe,
nous devons juger de la grande importance qu'il y
attachait : il nous dit qu'il était dans l'ufage d'être
toujours préfent à tous fes ouvrages.

Quelles leçons pour certains de nos militaires
qui, loin de juger de femblables détails dignes
de leur attention, femblent ne les croire faits que

pour fixer celle d'un artifan ou d'un homme fubal‑
terne.

Quand tant d'autorités, de faits et de raifonne‑
mens accumulés ne tendraient pas à prouver irré‑
vocablement ma propofition, elle découlerait encore
évidemment de l'état actuel des chofes. Tant qu'une
convention générale et religieufement obfervée
n'aura pas entiérement fait difparaître l'ufage des
villes fortes et des retranchemens chez toutes les
nations ; quand même nous donnerions l'exemple
de cet abandon général, toujours ferait‑il démontré
que, pour vaincre nos ennemis, chez lefquels nous
le trouverions encore accrédité jufqu'à un certain
point, il faudrait connaître la manière de les atta‑
quer derrière leurs parapets. Or, les connaiffances
de l'attaque étant inféparablement liées à celles de la
conftruction et de la défenfe, nos fuccès feraient
encore foumis à la connaiffance de l'art entier. Le
même officier qui commande cinquante, cinq cents,
ou dix mille hommes en plaine, fe trouverait dans
le cas d'en attaquer un pareil nombre dans un pofte
retranché ou dans une ville de guerre.

La difpofition de nos ordonnances et la néceffité
demandent qu'à la tranchée, dans une ville de guerre
et dans tout autre retranchement, le défaut d'un
nombre fuffifant d'officiers du génie, foit fuppléé
par des officiers d'infanterie ; et l'on pourrait citer
de fréquentes occafions où ce remplacement a eu
lieu, et a produit de mauvais effets par le peu de
lumières apportées dans les travaux par ces derniers.

Ajoutons enfin à toutes ces confidérations mili‑
taires une réflexion vraiment confolante pour celui

I 2

qui s'occupe de la partie défenfive de l'art de la
guerre ; c'eft que, tandis que l'offenfive n'eft le plus
fouvent que le moyen qui protége l'ambition et qui
fert d'inftrument au tyran, le moyen fatal auquel
on doit ces torrens de fang dont l'injuftice et la
cruauté ont inondé la terre ; la défenfive n'a au
contraire pour objet que la tranquillité, le bonheur,
l'équilibre des nations. Celle-ci eft la puiffance que
le droit naturel oppofe à celle-là ; ainfi plus on par-
viendra à la renforcer, moins l'autre confervera d'action, et plus auffi conféquemment on fe rapprochera
de ce repos univerfel qui pourrait réalifer l'heureufe
chimère de l'âge d'or. Un fouverain qui protége les
progrès de la défenfive eft le bienfaiteur de l'univers ; celui qui protége les progrès de l'offenfive
pourrait n'avoir pour but que d'en être l'oppreffeur.
L'humanité et la philofophie, qui frémiffent à la vue
des ravages de l'une, applaudiffent donc avec recon-
naiffance aux efforts protecteurs de l'autre : dans
l'une, elles ne voient que l'art des bourreaux vomi
par les enfers ; dans l'autre, elles voient l'art confer-
vateur auquel préfide la main d'*Aftrée.*

Sortons donc, à l'égard de l'importance de l'art de
fortifier, de ce fcepticifme, commode, il eft vrai,
pour les ames pareffeufes, mais qui gêne et inquiéte,
dit M. de *Châtellux*, celles qui à l'amour du bien
joignent le défir de s'inftruire, et qui n'ont pas de
plus grand befoin que celui d'être éclairées.

Rejetons furtout la fauffe et dangereufe opinion
que le défir de la gloire fuffit toujours pour conduire
à fon objet. Ce n'eft pas qu'on puiffe méconnaître
la grandeur de fes effets, mais il faut encore qu'ils

foient utiles ; et plus cette foif eft ardente, plus elle doit nous porter à faifir les moyens qui peuvent la diriger vers ces fuccès brillans où le courage paraît dans tout fon éclat.

Le défir de la gloire eft en général le véhicule le plus puiffant de la valeur ; il eft furtout le principe particulier de ces efforts énergiques et généreux qui la caractérifent d'une manière diftinguée dans le guerrier ; mais ce défir ne porte point avec lui les talens qui les dirigent. Sentiment noble, mais aveugle, il peut, alors qu'il eft ifolé, entraîner la ruine de l'intérêt même pour lequel il s'agite. Le défir de la gloire ne forme donc que le foldat.

Le foldat inftruit par l'étude et l'expérience, devient un officier ; né avec le génie de la guerre, et revêtu d'un certain pouvoir, il devient bientôt un héros qui donne des fecouffes au monde, en raifon des divers intérêts qu'il a à foutenir ou à combattre. C'eft ainfi que parurent *Alexandre* gouvernant un Etat faible, menacé par des ennemis puiffans ; *Céfar* à la tête d'une grande république ébranlée par les factions et par le luxe ; *Frédéric* qui avait befoin d'affermir une monarchie naiffante ; *Condé* et *Turenne* qui, placés entre le trône et le peuple, furent appelés par un maître et par les droits de la naiffance au commandement des armées ; enfin *Rofe* et *Fabert*, qui vécurent dans un fiècle où les talens et les fervices éclatans, mis à leur place, recevaient le prix et les diftinctions qu'ils méritent.

C'eft aux hommes de cette trempe à qui feuls il a appartenu de tous temps, en donnant des limites

I 3

aux empires, de pofer, par les faits qui tour à tour
les ont ébranlés, renverfés ou édifiés, les principes
fondamentaux de la fcience militaire. Il eût été a
défirer qu'ils fe fuffent tous attachés à nous développer eux-mêmes ces principes ; mais rarement un
héros fut en même temps un homme de lettres.
Ce génie inquiet et actif, qui aime le tumulte
des armes et qui dirige les combats, n'eft point
le génie paifible du cabinet, qui fe plaît à les
décrire : *Alexandre* ne fut que remporter des victoires ; *Quinte-Curce* et *le Brun* ne furent que les
peindre. *Céfar* lui feul a égalé le vainqueur d'Arbelles
dans les champs de Pharfale, et furpaffé dans fes
immortels commentaires les peintres et les hiftoriens
les plus célébres.

Nous avons cependant fur toutes les parties militaires d'excellens ouvrages, foit élémentaires, foit
profonds. Ils font trop connus pour qu'il foit utile
d'en faire ici l'énumération. Mais nous pouvons
obferver que tout homme qui n'eft pas né avec ce
génie élevé qui feul peut franchir la route commune,
doit les lire et les étudier fouvent pour parvenir, par
une marche graduelle, à la connaiffance de tous les
objets relatifs au métier des armes. Quel champ vafte
à parcourir! Jetons un c up d'œil fur fon étendue,
et nous verrons que l'art de la guerre eft le plus
profond, le moins limité de tous les arts. En effet il
a befoin de combiner tout à la fois les accidens du
globe, les variétés remarquables dans les affections
des hommes, la différence des principes mécani-
ques qui fervent de bafe aux mouvemens des armées,
celle des talens qui les appliquent, &c.; je veux dire,

en un mot, une infinité de caufes phyfiques et de caufes morales qui s'enchaînent ou fe contrarient entre elles. Les ouvrages élémentaires font l'école de l'officier particulier ; les ouvrages des grands-hommes et l'hiftoire font les livres des généraux déjà rompus dans l'étude et la pratique des détails.

L'on a, en général, beaucoup écrit fur l'art de la guerre. Son immenfe étendue et l'imperfection qui en eft la fuite, prêtent à l'efprit de fyftême, et celui-ci s'en eft prévalu avec une telle indifcrétion, qu'un flux abondant d'écrits polémiques a introduit dans la fcience militaire l'obfcurité et l'ergotifme des difputes de l'école, qui fe font étendus fur plus d'une propofition importante. C'eft ainfi que l'art de la guerre, fouvent occupé à fe combattre lui-même, a arrêté fes propres progrès ; tel eft un fleuve redoutable et majeftueux qui, chariant un limon groffier, le dépofe en maffes, et forme, en fe débordant, des digues qui contrarient fon propre cours. Ainfi cet art refte, en quelque forte, découfu dans toutes fes parties. On n'aurait point à fe plaindre de cet effet, fi le talent horrible et déteftable de détruire les hommes n'était en même temps le talent vraiment bienfefant qui les protége. Mais le même flambeau qui dans les mains d'*Eroftrate* ne produit qu'un affreux incendie, eft une lumière néceffaire et utile dans celles de l'homme équitable qui ne s'en fert que pour échapper aux écueils. Si l'art de la guerre enfeigne à envahir les propriétés, dit M. de *Châtellux*, il apprend auffi à les défendre ; inutilement le fer ferait employé à féconder la terre, s'il n'était encore deftiné à nous en affurer les productions.

I 4

Au furplus, et nous l'avons dejà rémarqué, les plus grands hommes même ont été divifés fur cer-tains principes. Cependant, quoi qu'il en foit de la guerre et des opinions, je répète que nous poffédons d'excellens matériaux pour nous former une bonne maffe de connaiffances certaines, et fur lefquelles on fera mieux d'accord, fi nous fommes parvenus, dans cet examen, à détruire le préjugé qui luttait encore contre l'utilité de la fortification.

Sans prétendre affigner à mon tour mon fentiment particulier pour la mefure de celui des autres, je terminerai ces digreffions, déjà trop longues, en difant qu'il ferait à défirer que tout jeune militaire, ou tout jeune homme deftiné à la carrière des armes, fuivît un plan d'étude conftamment dirigé vers les connaiffances qui lui font néceffaires. Je voudrais d'abord qu'il s'appliquât aux élémens d'arithmétique, jufqu'aux fractions et aux règles de trois et d'alliage inclufivement ; puis à la géométrie jufqu'à la théorie des folides, ou au moins jufqu'à la fimilitude des figures ; puis à la fortification de campagne ; enfin à la géographie particulière de l'Europe, et au moins à l'hiftoire de Rome et à celle de fon pays. Le talent du deffin, pouffé jufqu'au point de pouvoir rendre un itinéraire, le fite d'un village, la forme d'un retranchement, la difpofition d'un combat, lui ferait encore de la plus grande utilité. Je ne parle pas des manœuvres, il eft appelé à les connaître par fon fervice journalier et par les ordon-nances ; mais je dirai que la lecture des ouvrages qui étendent les idées au grand, je veux dire de *Céfar*, de *Xénophon* &c. ; en un mot, des auteurs dont nous avons déjà parlé ailleurs, achèverait alors d'en faire un militaire inftruit et propre à être un jour diftingué et tiré hors de rang, pour les commiffions importantes et glorieufes. Tous ces livres réunis ne coûteraient pas ce que coûte fouvent une après-dinée malheureufe paffée dans un billard. Et combien, en nouriffant l'efprit du jeune militaire, ne lui éviteraient-ils pas d'ennui et de peines ! combien ne fauveraient-ils pas de fujets à l'Etat, d'enfans et de pleurs aux familles !

Il femble qu'on pourrait aifément remplir cet objet intéreffant, en formant dans chaque corps une bibliothéque militaire commune, feulement compofée d'un petit nombre d'auteurs bien choifis. On eftime que trois cents volumes y fuffiraient, et n'occafionneraient d'autre embarras que celui d'ajouter une caiffe de plus aux équipages. Serait-il difficile de fe procurer les reffources néceffaires pour un établiffement fi peu coûteux ? Mais on fut en créer autrefois pour de petites dépenfes de fantaifie qui n'étaient dans le foldat et dans l'officier que relatives à la tenue, qui ne portaient que fur ces caprices qui diverfifiaient dans l'efprit des chefs de corps encore jeunes, l'opinion fur le joli, le beau, le convenable dans la forme du chapeau, la grandeur d'une épaulette, la couleur d'une houppe, les droits de préférence d'un catogan fur une queue, le plus ou moins de longueur ou de groffeur de celle-ci ; en un mot fur tous ces objets de toilette qui variaient fans ceffe et bigarraient l'armée françaife de cent pompons divers que défendaient les ordonnances et les infpecteurs ; on n'oferait donc pas penfer que le même zèle dont l'ardente activité s'attachait même à des objets d'une importance si petite et si peu militaire, pourrait manquer de moyens et de chaleur alors qu'il s'agirait d'assurer les progrès des connaissances qui constituent l'art de la guerre. Quelques colonels ont poussé leur amour pour leur régiment jusqu'au point louable de suppléer, avec leur propre fortune, à l'insuffisance du prix des engagemens, pour les composer d'hommes jolis ou d'une très-grande taille. Cette vue, plus noble et plus guerrière que les simples rafinemens de la toilette, au moins quant à l'apparence, est cependant encore fort au dessous de celle qui mettrait sa vanité et ses efforts à perfectionner l'instruction : au lieu d'hommes grands, fournis à la défense de l'Etat par la première disposition, celle - ci pourrait faire éclore de grands hommes, dont la race est si rare et si précieuse. Que font aux succès des combats, des hommes d'une hauteur colossale ou de jolies figures ? Rien (x). Heureux encore quand ils ne leur nuisent pas. Les Gaulois, grands, mais légers, se moquaient des Romains qui étaient petits, mais solides et éclairés : les Gaulois furent vaincus et subjugués ; les Romains domptèrent l'univers. Toujours de petites armées bien instruites ont détruit des armées nombreuses d'ignorans.

Peut-être ne faudrait-il pas que l'étude dont j'ai crayonné le plan fût forcée : ce, qui tient aux efforts de l'esprit exige de la liberté. Mais en substituant à cet égard le ressort de l'émulation à celui de la force, ce ferait le plus sûr moyen d'atteindre le but, sans avoir à s'occuper des détails même d'une institution

continuelle et pénible , pour laquelle il ferait d'ailleurs difficile de trouver dans le principe un grand
nombre de bons maîtres. Seulement deux heures de
lecture par jour , et dans ces inftans de vide dont
nous manquons rarement , fuffiraient à l'inftruction
d'un officier qui voudrait s'attacher à les bien employer.

Au furplus , je défère le jugement de l'opinion
que j'expofe ici , de même que celui de toutes les
idées que j'ai mifes dans cet écrit fous les yeux du
lecteur, à MM. les officiers généraux, au miniftre,
au confeil de la guerre, en un mot, à l'autorité à
laquelle il appartient de droit, et dont la fageffe ne
manquera pas de faifir tous les moyens qui lui
paraîtront propres à procurer à l'armée françaife , ce
qui pourrait encore manquer au *maximum* de fa
confidération et de fa puiffance.

NOTES.

(a) Il faut lire l'hiftoire du premier fiége d'Oftende, pour fe faire une idée jufte de ce que peuvent les talens unis à la valeur et à l'activité. On croit à peine à l'immenfité des travaux qu'a fait exécuter le chevalier de *Weer*, et à la promptitude avec laquelle fon imagination fuppléait à tout. C'eft, de tous les hommes, celui qui a mérité la plus belle réputation en ce genre. Toujours froid, toujours préfent, toujours actif, rien ne lui échappait dans les fautes que l'ennemi pouvait commettre, ni dans les reffources qu'il pouvait oppofer à fes actions les plus vigoureufes et les mieux concertées. Sa défenfe, quoique moins longue, a eu plus d'éclat que celle de Candie : les plus grands feigneurs, jaloux de tant de gloire, font venus partager les lauriers du général hollandais.

Comme on ne faurait trop multiplier les monumens qui publient une renommée brillante méritée par le courage et les connaiffances militaires, nous croyons bien faire de tranfcrire ici les beaux vers que *Grotius* compofa fur le premier fiége d'Oftende, avant la capitulation ; les voici :

Area parva ducum, totus quam refpicit orbis,
Celfior una malis, et quam damnare ruinæ,
Nunc quoque fata timent ; alieno in littore refto.
Tertius annus abit : toties mutavimus hoftem,
Sævit hyems pelago, morbifque furentibus æftas
Et minimum eft quod fecit Iber. Crudelior armis,
In nos orta lues : nullum eft fine funere funus :
Nec perimit mors una femel. Fortuna, quid hæres ?
Quâ mercede tenes miftos in fanguine manes ?

Quis tumulos moriens hos occupet, hoſte perempto.
Quæritur, et ſterili tantùm de pulvere pugna eſt.

Ces vers ont été traduits en français par *du Vair*, par
Nicolas Rapin et par *Malherbe*.

(*b*) Le chancelier de l'*Hoſpital*.

(*c*) *Charles le téméraire*, duc de Bourgogne, aïeul
maternel de *Charles V*.

(*c*) Le préjugé contre les retranchemens n'eſt il pas
ſouvent pouſſé trop loin ? Je ne crois pas qu'il ſoit
impoſſible, en ne feſant que remuer ſimplement de la
terre, de mettre une armée très faible en état de réſiſter
à une autre très-ſupérieure à elle en nombre, et ſouvent
en qualité de troupes, &c.

Note de M. de Châtellux.

Voyez-en la ſuite dans l'inſtruction du roi de Pruſſe à
ſes généraux.

(*d*) Cela me paraît facile à expliquer : des redans
détachés laiſſent entr'eux des vuides qu'il eſt plus aiſé
de franchir qu'un parapet continu. Quoi qu'il en ſoit,
voilà le roi de Pruſſe qui preſcrit des retranchemens
continus, et qui paraît oublier qu'on attribue à cette
continuité la perte de la faculté offenſive.

(*e*) Les monts Sudetes ſéparent la Siléſie de la
Bohême et de la Moravie, et les monts Krapach, par
leur extrémité occidentale, la ſéparent de la Hongrie ;
mais aux frontières de la Pologne, du Brandebourg et
de la Luſace, elle n'a que des plaines. C'eſt préciſément
cette étendue de plus de cent quarante lieues qu'il eût
fallu que la maiſon d'Autriche fortifiât, pour mettre
cette province à couvert des tentatives de toutes les
puiſſances étrangères, dont les poſſeſſions la touchent.

Elle pouvait n'avoir rien à craindre directement de la
Saxe ni de la Pologne ; mais la maison de Brandebourg,
qui n'a jamais été arrêtée par aucune de ces deux barrières, l'une et l'autre trop faibles pour lui résister, la
menaçait sur tous les points de ce vaste espace, à peu
près comme si elle en eût été par-tout également voisine.
Il résulte de cette position, que la défense de la Silésie
eût exigé au moins vingt forteresses, dont la moindre
dépense peut être évaluée à 100 millions ; dépense
immense, impossible peut-être, et en trop grande disproportion avec son objet. On n'a pas eu besoin d'en
construire beaucoup plus sur le Rhin, sur la Sarre et
dans la Flandre, pour couvrir toute la France dans ses
parties les plus accessibles. Ainsi la France a dû et pu se
fortifier de cette manière, tandis que la maison d'Autriche a été forcée de se passer d'un appui que la situation
de la Silésie, la nature et l'étendue de ses frontières
découvertes, mettaient cette puissance dans la nécessité de
rejeter. Son système à cet égard, non plus que celui de
tout autre Etat qui pourrait se trouver dans le même cas,
ne peut donc être raisonnablement adopté comme un
principe général de politique ou de l'art militaire, applicable à toutes les constitutions, à toutes les positions, à
toutes les espèces de délimitation : ce serait tirer une
conséquence générale d'un cas particulier, et manquer
essentiellement de sagesse, de profondeur ou de bonne
foi dans le jugement.

(f) Une remarque importante à faire, c'est qu'il faut
qu'un poste retranché soit proportionné à son objet. Si
vous prétendez qu'une redoute de cent hommes défende,
par sa propre force, une communication, alors qu'elle
sera attaquée par trois ou quatre mille, elle n'y réussira
certainement pas ; elle sera au contraire emportée presque
d'emblée par la trop grande supériorité du nombre,
malgré une défense vigoureuse qui détruira le quart des

attaquans : mais ce ne fera pas la faute de la redoute ni celle des cent hommes , ce fera la vôtre : vous aurez fait un aussi mauvais calcul que si vous prétendiez repousser , avec des grenades de deux livres , un assié-geant qui vous jette des bombes de cinq cents. Quand l'ennemi parvient à vous tromper sur ses combinaisons d'attaque, c'est une adresse de sa part , ou bien une mal-adresse de la vôtre. C'est en général dans ces sortes de rufes , dans le déployement de moyens inattendus, que confiste le grand talent de la guerre. Il faut toujours y pourvoir , en se ménageant la facilité de renforcer un poste où de le soutenir en raison de la vigueur des attaques qu'il a à soutenir.

En convenant de l'inutilité d'un poste mal propor-tionné à son objet , je vous demanderai ce que les cent hommes, dont nous parlons , eussent pu faire s'ils n'eus-sent point été retranchés : bien moins encore ; c'est ce qui est évident de soi-même. Dans une certaine disp-portion de forces , de braves gens peuvent tout au plus imiter le glorieux exemple , mais l'impuissant et triste moyen des Suisses du combat de Saint-Jacques , ou des Grecs dirigés par *Léonidas* dans la célébre défense du détroit de Thermopyles.

(*g*) Ce travail paraît prodigieux avec de tels moyens. Je serais tenté de croire que *Cicéron* ou les Gaulois ont mal observé le temps , et fait un rapport exagéré à *César*. En effet , en supposant le profil du fossé de ce retranche-ment , un triangle isocèle de quinze pieds de hauteur et de 12 pieds de bafe seulement, ce qui ne donne pour talus que les $\frac{2}{5}$ de la hauteur des terres, et leur suppose consé-quemment un certain degré de ténacité ; je trouve qu'en trois heures chaque homme, de soixante mille qu'ils étaient , doit avoir creusé et enlevé ou bien édifié à peu près cent cinquante-deux pieds cubes de terre , fans calculer les foins du tracé, tous les préparatifs et la lente exécution du gazonnage. Je pars même de la fuppofition que les foixante mille travailleurs, répandus fur dix mille toifes d'ouvrage, font d'abord difpofés par rangs perpendiculaires à la longueur du tracé, diftans les uns des autres de fix pieds, et d'abord compofés de fix hommes fur l'efpace de douze pieds, puis fucceffivement diminués d'un homme, à mefure que le triangle fe rétré-ciffant, chacun ne trouve plus que dix-huit pouces de place dans le rang, et qu'il faut néceffairement le dimi-nuer. Enfin, pour conferver à cette folution toutes les données qui peuvent être avantageufes à l'expofé de *Céfar*, je fuppofe encore que les hommes, qui quittent fucceffivement le travail du foffé, fuffifent pour former le parapet, et le rendre parfait au moment où le dernier homme, laiffé à la fouille, enlève la dernière motte de terre; cependant, dans le vrai, le foffé était peut-être à fond de cuve, et il eft prefque impoffible d'admettre qu'un déblai de quinze pieds de profondeur puiffe avoir été fait, avec des fabres, et des pans d'habits furtout, fans que, fur la hauteur, on ait eu befoin d'aides inter-médiaires pour jeter les terres fur le parapet. Or, ceux-ci feraient en pure perte de l'avancement du travail exécuté comme nous le fuppofons. Quand le retardement caufé par les préparatifs, le gazonnage, la diftraction des gens de garde, et par les deux caufes dont nous parlons, ne ferait eftimé qu'à un équivalent de foixante-quatre pieds cubes d'ouvrage, en augmentation fur la tâche de chaque travailleur creufant ou édifiant; il en réfulterait qu'en moins de trois heures il aurait manœuvré une toife cube de terre : c'eft trois fois plus d'ouvrage qu'un travailleur ordinaire n'en fait aujourd'hui dans les terres les plus légères, avec le fecours des meilleurs inftrumens defti-nés à cet ufage. Au furplus, cette prodigieufe acti-vité à laquelle fe livrent tout à coup les Gaulois qui s'aperçoivent qu'ils font redevables de prefque toutes leurs défaites aux retranchemens des Romains, eft une

leçon

leçon utile que nous devons mettre à profit. Il est
encore plus important aujourd'hui qu'alors , que les
travaux de ce genre , faits sous le feu de l'ennemi, soient
exécutés avec la plus grande célérité. Il est vrai que le
danger rend , en pareil cas , le soldat le plus paresseux
très-expéditif , mais il ne cherche qu'à se couvrir , et ce
que la crainte ajoute à la vîtesse , l'ignorance et le défaut
d'usage l'ôtent à la perfection ; en sorte que le retranchement conserve des vices qu'il est difficile de corriger , et
qui en affaiblissent souvent considérablement l'effet. Se
retrancher à la fois vîte et bien , voilà le but auquel il
faut tendre par des exercices en ce genre.

(*h*) Nous disons ici autant qu'on le peut , parce que
cette nécessité n'est en effet pas absolue. Si celle d'une
petite économie actuelle peut devenir, dans un Etat riche
et puissant par lui-même , plus pressante que des précautions qui n'ont que l'avenir pour objet, quoique les agens
que cette économie détruirait seraient d'une restitution
onéreuse, difficile, impossible même si l'on attendait,
pour y recourir de nouveau , l'instant où ils seraient
devenus nécessaires ; dans ce cas , dis-je , réduit à une
position que l'on peut comparer à celle d'un homme qui
se voit forcé de brûler quelques chevrons de sa toiture
pour se garantir d'un froid rigoureux, au risque de voir
sa maison ruinée par une forte tempête ; il faut, sans
doute, s'attacher à un examen très-sévère, pour étendre
la réforme à tous les objets dont l'utilité n'est pas
actuelle et de nécessité première. Mais si cet extrême
est dicté par l'impérieuse nécessité , il paraît encore pru-
dent de ne s'y abandonner qu'après avoir épuisé tous
les autres moyens d'économie qui peuvent porter sur
des dépenses plus fortes, plus abusives, ou au moins
plus inutiles. Cette combinaison, il faut en convenir, ne
peut être bien éclairée que par ceux qui possèdent les
secrets de l'administration. Eux seuls peuvent placer

K

dans la balance les données dont manquent les critiques qui s'élèvent dans des coins toujours trop reculés, et qui n'ont, pour se guider, que la lueur trompeuse de leurs préjugés personnels, et pour base que des hypothèses établies par l'erreur. Combien les idées d'un homme ne changent-elles pas sur des objets qui tiennent à tant de considérations, chaque fois que d'observateur mal instruit et de raisonneur guidé par la passion, on le voit passer à la fonction d'agent éclairé qui n'écoute plus que l'intérêt de la chose? Des rapports importans qui lui échappaient jusque-là, se développent alors en foule à ses yeux, et le voilà convaincu à son tour que, s'il est quelques vérités palpables qui sont du domaine de tout le monde, il est mille propositions qui n'en offrent que les apparences, et sur lesquelles il est à la fois injuste et présomptueux de prononcer d'un ton décisif et peu réservé.

En général, lorsque nous jugeons des objets dans un grand éloignement, l'espace qui nous en sépare et les objets intermédiaires, nous en dérobent la véritable forme. Ainsi, en nous piquant d'une pénétration que nous n'avons pas, nous ne pouvons leur apercevoir que celle que leur prêtent nos préjugés et les impressions dont nous sommes le plus affectés. Nous ressemblons à ces curieux qui, en regardant seulement la lune, veulent pénétrer ce qui s'y passe, et dans les taches de laquelle une femme tendre voit un amant dans les bras de sa maîtresse, tandis que le curé, placé à ses côtés et scandalisé de cette erreur, voit dans la même image les clochers de deux cathédrales. Cette comparaison ingénieuse, répétée par *Helvétius* d'après *Fontenelle*, je crois, nous peint très-bien les deux causes qui nous faussent le jugement, je veux dire l'ignorance et la passion. Pour s'ériger en juge, il faut donc se soustraire à toutes deux; un ignorant n'a pas plus de droit de se plaindre des faux jugemens d'un homme passionné, ni un homme passionné de ceux d'un homme ignorant, qu'un homme qui fe fait borgne de l'œil gauche, n'a celui de fe plaindre de la manière de voir d'un homme qui fe ferme l'œil droit.

(*i*) L'aigreur et l'ironie ne devraient jamais entrer dans des difcuffions qui ont le bien et la vérité pour objet : elles font le langage de l'orgueil et des paffions, et non celui de la philofophie qui pèfe tout froidement au poids de l'équité. D'ailleurs, plus fufceptibles d'irritation et de vengeance, que capables de retenûe et de céder aux vraies lumières, on trouve rarement chez les hommes un efprit affez bien fait, une ame affez élevée pour goûter et recevoir tranquillement une vérité défigurée par des perfonnalités. Avec de tels traits, elle a le droit de déplaire. Elle devient donc au moins inutile ; ou bien fi, contrairement à l'effet ordinaire, elle eft accueillie par celui qu'elle combat avec fi peu de générofité, il refte le regret d'avoir affligé un homme qui méritait qu'on la lui préfentât fous un afpect qui ne pût porter aucune atteinte à fes principes : on manque donc le but effentiel, ou l'on manque de juftice.

Un problème politique et militaire à réfoudre ne demandait pas le langage de la diatribe. L'erreur eft fi commune, fi naturelle aux hommes, qu'elle eft plus fouvent encore accompagnée de bonne foi que de méchanceté. Quel eft celui qui n'en revère pas plus d'une comme une vérité qu'il place religieufement dans le recueil moral de fes principes ? La combattre avec l'arme du ridicûle ; c'eft annoncer des motifs perfonnels fufpects d'une paffion non moins aveugle qu'elle ; c'eft intéreffer l'amour propre à fa caufe, et le mettre en défenfe avec elle ; c'eft prêcher la vérité le poignard en main, et commencer par frapper, pour étourdir et rendre fourd, l'homme dont on ne devrait chercher qu'à fe faire entendre. On regrette beaucoup de voir que l'auteur des *Réflexions militaires et patriotiques* ait plaidé

K 2

une si bonne cause, avec une logique si peu prudente.
S'il est militaire, comme sa discussion le suppose, il a
sûrement négligé de consulter ses amis et ses camarades,
qui n'auraient pas manqué de lui observer que, contre
l'ennemi même le moins généreux, le droit des gens
proscrit en guerre l'usage de certaines armes ; qu'une
apostrophe ou une jolie saillie ne sont jamais de bonnes
raisons ; que la vérité est indépendante des personnes ;
et que, dans une discussion didactique, l'humeur et les
plaisanteries, quand même on supposerait l'une fondée
et les autres pleines d'esprit, sont également inadmis-
sibles. On lui aurait fait remarquer qu'elles sont au
contraire d'autant moins utiles quand elles partent
d'une bouche anonyme, que, sans rien ajouter à la
force de la vérité, elles peuvent créer des inimitiés,
et faire naître des soupçons injustes, contre les individus
ou l'esprit du corps dans lequel on croirait pouvoir penser
qu'une telle production a pris sa naissance et le ton qui
la caractérise. Il est vrai que certaines expressions plaisent
aux rieurs, et que l'arme du ridicule est terrible. Mais
le triomphe qu'on se procure avec ce secours, qui ne
tire sa force que de notre gaieté et du charme des con-
trastes, n'est que celui d'un instant. Moins légers qu'on
ne pense que nous le sommes généralement, le public
laisse toujours à la raison tous ses droits en matière
sérieuse. Notre esprit familiarisé, avec une plaisanterie,
s'en détache bientôt pour se fixer sur la chose même ;
alors la partie devient égale. Le plaisant ou le fron-
deur a-t-il raison ; il n'y a rien gagné, parce qu'il n'y
a qu'une manière d'avoir raison ; mais a-t-il tort ; il
y perd nécessairement, parce qu'il y a mille manières
d'avoir tort, et que, parmi toutes, celle qui annonce le
moins de retenue et le plus d'amertume, est la plus
mauvaise. *Despréaux* même, en peignant les vices et les
ridicules des hommes d'un pinceau ingénieux, hardi,
détrempé dans le fiel, quoique ce ne fût qu'avec des traits

généraux, et quoique la vérité brillât dans ses tableaux, ne fit l'éloge de son esprit qu'en fesant en même temps la satire de son propre cœur. Fesons une dernière observation sur la méthode de l'auteur des *Réflexions militaires et patriotiques* ; c'est que le critique qui prétend combattre l'immodestie , avec les termes les moins mesurés et les plus tranchans , ressemble à un homme qui , sablant le champagne, reproche à son voisin de l'avoir rencontré dans un cabaret. On peut encore le comparer à un orateur qui prêche la tolérance à toutes les sectes , dans le moment même où il en frappe un autre, qui le contredit, pour le convertir à la sienne.

Enfin, la supposition sur laquelle cet auteur fonde ce qu'il dit de la lettre ministérielle adressée à messieurs les directeurs des fortifications , pour avoir leur avis sur l'abandon projeté de certaines places de guerre, doit paraître, à tous égards, invraisemblable. Comment penser qu'il n'y a , d'un côté, qu'un simulacre de consultation dont l'autorité peut toujours se passer, et que cette autorité suppose que, de l'autre, il y aura assez peu de zèle et d'énergie pour en calquer la réponse sur des égards personnels, et seulement pour flatter l'opinion d'un officier en crédit? comment penser encore qu'un conseil formé pour échapper aux erreurs et à l'arbitraire d'un esprit isolé, se rend esclave de l'impulsion d'un seul , et détruit ainsi tout le bien que l'on attendait de la collection des lumières, des vertus et des efforts de tous les membres qui le composent? Puisque , dans des temps orageux, il est si difficile de faire le bien de la meilleure façon possible ; puisqu'en le fesant même, on ne peut jamais contenter toutes les opinions ; puisqu'il n'est point de loi qui, envisagée d'un certain côté, ne puisse produire des abus ; au moins devrait-il être plus facile de passer pour avoir de bonnes intentions ; au moins une opinion flatteuse devrait-elle dédommager ceux qui se livrent à des travaux si pénibles. Soyons de bon

K 3

compte : s'il faut à tout légiflateur de grands-talens et
de plus grandes vertus encore, il lui faut auffi le plus
grand courage. La feule récompenfe que retira *Lycurgue*
des lois immortelles qu'il donna à Lacédémone, ce fut
de voir fes concitoyens, irrités contre lui, le lapider et
lui crever un œil. Elles étaient fans doute imparfaites :
mais ce ne fut pas précifément le petit nombre des
difpofitions ridicules ou vicieufes qu'on pouvait leur
reprocher, qui lui valut ce trait de fureur et d'ingra-
titude ; ce fut en général parce que fes lois enchaînaient le
défordre et la volupté, parce qu'elles prefcrivaient des
privations, de nouveaux et plus grands devoirs. Cet effet
forme le caractère diftinctif de toute loi fage qu'on fub-
ftitue à un relâchement aviliffant et défaftreux, tel que
celui que *Lycurgue* avait à réparer. Une loi fage doit
donc trouver un grand nombre de contradicteurs, par
cette raifon même qu'elle eft fage. C'eft ce qui a fait dire
à *Montefquieu* que, dans toutes les délibérations, au lieu
de fe déterminer fur la pluralité, on ne devrait établir
fon jugement que fur la mineure des opinions. Les
hommes qui joignent aux connaiffances le dégagement
de tous préjugés, de toute paffion, et la bonne volonté
de ne vouer qu'au bien feul toute l'étendue de leurs
facultés, forment en effet fouvent le plus petit nombre
de ceux qui compofent un tribunal nombreux. L'idée
de *Montefquieu* ferait furtout applicuble aux objets qui
repofent fur des rapports compliqués, qui ne font point
à la portée des efprits ordinaires ; mais, d'un autre
côté, il mènerait à un réfultat abfurde ; il faudrait
confacrer la loi dictée par le caprice d'un vifionnaire, et
qui aurait été feul de fon avis ; c'eft ainfi que l'abus eft
toujours à côté du bien. Quoi qu'il en foit, *Lycurgue* eut
la faibleffe et le tort de ne point corriger ce que fes
inftitutions renfermaient de vicieux ; mais il eut le courage
de les fanctionner et de les confolider tout entières
par le facrifice de fa vie même. Le courage de les per-

fectionner eût été beaucoup plus grand et moins voisin de l'amour propre : mais un légiflateur eſt-il un Dieu ? et quelle eſt la divinité même qui pourrait ſe promettre que les hommes ſeraient contens de ſes lois ? Dans l'état élevé où ſe trouvait ce prince, et d'après le régime qu'il introduiſit, il ne paraît pas douteux qu'il ne fut animé que du déſir de faire le bien de ſa patrie et de travailler à ſa gloire. On peut ſuppoſer d'autres motifs à un légiflateur ſubalterne, parce que ſa poſition n'exclut pas les vues de l'ambition moins grande et moins généreuſe qui domine tant d'hommes dans cet état médiocre où mille objets s'offrent encore à leur cupidité ; néanmoins rien n'eſt plus injuſte, et rien ne marque peut-être plus la prévention de celui qui ſe porte pour juge de ſes opérations et de ſes motifs, que de préſuppoſer dans ſon ame l'abſence des vertus eſſentielles, par cette raiſon ſeule qu'il fut des hommes, et qu'il en eſt dans toutes les conditions, qui n'ont été et qui ne ſont dominés que par les paſſions, ou par des vues purément perſonnelles.

(*k*) La diſcipline militaire eſt l'ame d'une armée ; elle doit être fondée ſur des lois claires, ſimples, juſtes, peu nombreuſes et fermes. Elle fut l'inſtrument de la grandeur des Romains ; ſon relâchement eſt regardé, avec raiſon, comme une des cauſes principales qui préparèrent ſa chute. Dans les temps les plus glorieux de Rome, les conſidérations perſonnelles, les droits de la nature même, pliaient ſous la rigueur des lois militaires. Une légion romaine entière fut maſſacrée, un général fut fouetté de verges ; parce qu'ils avaient mal fait leur devoir à la guerre. Lorſque le fils de *Manlius-Torquatus*, qui venait de combattre et de vaincre hors de rang un des principaux latins qui lui avait donné un défi inſultant, vint, plein d'ivreſſe d'un tel ſuccès, apporter à ſon père les dépouilles de ſon ennemi, le conſul détourna de deſſus lui ſes regards ; et , le repouſſant en quelque ſorte des yeux et de la main , il lui dit d'un ton ſévère : *Puiſque , ſans reſpecter ni la majeſté conſulaire , ni l'autorité paternelle , vous avez oſé combattre hors de rang contre notre défenſe , et que par-là vous avez aboli , autant qu'il a été en vous , la diſcipline militaire , qui a été juſqu'à préſent le ſoutien et l'appui de l'Empire , de ſorte que vous m'avez réduit à la triſte neceſſité , ou de trahir les intérêts de la répu- blique , ou de me ſacrifier moi-même avec tout ce qui devait m'être le plus cher , il eſt juſte que nous portions la peine de notre faute , plutôt que de la faire retomber ſur la patrie innocente. Nous allons donner un exemple triſte et funeſte , mais ſalutaire , à la jeuneſſe pour tous les ſiècles à venir. Ce n'eſt pas que la tendreſſe paternelle , et même ce premier eſſai de vertu et de courage que vous venez de donner en vous laiſſant ſéduire par une vaine image de gloire , ne me ſollici- tent en votre faveur ; mais , puiſqu'il faut , ou affermir par votre mort le reſpect dû à la puiſſance conſulaire , ou en auto- riſer le mépris en laiſſant votre faute impunie , je crois que vous-même , ſi vous avez quelque goutte de mon ſang , vous ne refuſerez pas de rétablir , par votre ſupplice , la diſcipline militaire que vous avez renverſée par votre déſobéiſſance. Approche , licteur : attache-le au poteau ... ;* et , l'inſtant d'après, un coup de hache fit tomber la tête du jeune *Manlius* aux pieds de ſon père. *Ipſi naturæ* , dit *Tite-Live* , *patrioque amori prætulit jus majeſtatis atque imperii. ...* Cet acte, ſévère juſqu'à l'atrocité , fit déteſter *Manlius* , mais produiſit une terreur générale et ſalutaire , qui fit redoubler le ſoldat et l'officier romain d'exactitude.

A Dieu ne plaiſe que le lecteur puiſſe penſer qu'en le rapportant, je prétends en inférer que les lois militaires doivent être puiſées dans le code exécrable de *Dracon* ; je ne penſe pas même que nous avons beſoin de les prendre dans celui de *Minos* et de *Rhadamante* : chaque peuple a des reſſorts particuliers , et plus ou moins propres à l'émouvoir. C'eſt dans l'eſprit national, dans

la conftitution, dans les circonftances environnantes
d'un Etat qu'il faut puifer, et les règles et les moyens
de les faire obferver. *Montefquieu* obferve que des lois
douces et bien proportionnées préviennent, dans certains Etats, beaucoup mieux les crimes, que l'aveugle
barbarie du defpotifme oriental qui les confond. *La
différence qu'il y a des troupes françaifes aux vôtres*, dit
*Usbek à Ibben, c'eft que les unes, compofées d'efclaves natu-
rellement lâches, ne furmontent la crainte de la mort que par
celle du châtiment, ce qui produit dans l'ame un nouveau
genre de terreur qui la rend comme ftupide : au lieu que les
autres fe prêtent aux coups avec délice, et banniffent la crainte
par une fatisfaction qui lui eft fupérieure.* Cet excellent
efprit nous donne trop d'avantages, pour que nous
ayons befoin de chercher des modèles, et de nous
réduire à la fervitude des Orientaux. *On peut prendre pour
maxime,* dit le même auteur, *que dans chaque Etat le defir de
la gloire croît avec la liberté des fujets, et diminue avec elle ;
la gloire n'eft jamais compagne de la fervitude.* Cette idée,
répétée par *Helvétius,* et prife dans *Homère,* eft particuliérement applicable au génie de la nation françaife. Si on
la perdait de vue, c'eft alors qu'on verrait que

> L'affreux inftant qui met un homme libre aux fers,
> Lui ravit la moitié de fa vertu première.

Mais fi la force pouvait anéantir le français, jamais elle
n'aurait le pouvoir de lui donner des fers.

Quoiqu'il en foit, ce que nous avons rapporté de la
févérité de la difcipline militaire des Romains, n'a eu
pour objet que de faire connaître l'importance qu'ils
attachaient à la plus exacte obéiffance, et la néceffité
de ne jamais fouffrir qu'on lui porte la plus légère
atteinte.

Le corps militaire peut fe comparer à une machine
compliquée de rouages qui s'engrainent, et dont l'effet
dépend de l'enchaînement de tous les effets partiels. Il

faut que chaque agent foit à fa place, et qu'il y rempliffe
fes fonctions de la manière la plus complète : la dent
d'un fimple pignon manque-t-elle ; un pivot a-t-il perdu
fon à-plomb ; la mécanique eft paralyfée et refte en
ftagnation. Il n'eft point d'officier éclairé qui ne fente
que c'eft par l'exactitude et la dépendance feules qu'on
peut mouvoir ce grand corps, et que tout ce qui altère
l'une ou l'autre, porte une grande atteinte à fa puiffance.

La difcipline militaire a fait les plus grands progrès
en France, depuis le miniftère de M. le duc de *Choifeul.*
Il doit être confidéré comme fon premier reftaurateur :
fa légiflation était ferme fans dureté. Il ne penfait pas
que, pour produire l'obéiffance, il fût néceffaire d'imiter
ce *Vercingetorix* qui, pour les fautes légères, fefait couper
le nez et les oreilles aux Gaulois, et qui puniffait les délits
graves par le feu ou les fupplices les plus atroces. Après
le grand relâchement qui avait précédé l'époque du
miniftère dont nous parlons, il eft rare aujourd'hui
d'entendre un fubalterne, qui conferve l'efprit de juftice, fe plaindre quand il eft puni avec équité. En com-
mettant une faute, il s'eft fouvent jugé d'avance, ou
bien il l'a été par fes camarades.

Mais c'eft cette équité dans un chef, dans tout homme
qui inflige une peine ; c'eft la manière de faire exécuter
la loi, qui demande une grande attention, des talens acquis
et plus d'une rare vertu. Ces qualités ne peuvent prefque
jamais être que le fruit de l'expérience et de la réflexion,
jointes à un heureux naturel ; elles fe rencontrent donc
rarement dans le premier feu de la jeuneffe, où l'ignorance et les paffions nous fauffent le jugement. A cet âge,
on confond aifément la dépendance avec l'efclavage ; l'on
met fouvent les prétentions d'un orgueil, qu'enfle la
fupériorité précoce du rang, à la place d'une jufte autorité, l'humeur et le caprice à la place de la loi, la perfé-
cutante minutie à la place de la ponctualité, la fierté et

le dédain à la place d'une noble dignité , les écarts de l'ignorance à la place des procédés éclairés par une inftruction folide et étendue , la prévention et la haine à la place d'une opinion mûrement réfléchie et fondée fur la nature et l'efprit des actions d'un individu ; *enfin quelquefois même les duretés à la place du commandement, la barbarie et l'inhumanité à la place d'un châtiment proportionnel à la faute :* c'eft le reffort d'un tourne-broche , appliqué aux rouages d'une montre ; il rompt, il brife tout. Quelquefois les effets font inverfes, et la molleffe la plus lâche , en s'honorant du titre de bonté et de générofité, diftend toutes les parties de la machine, et la rend entiérement impropre à fon objet. Cependant, comme le penchant de la plupart des hommes fe dirige vers le defpotifme , ce dernier cas eft infiniment plus rare que le premier.

Il fuit de là que le droit de commandement, beaucoup plus difficile à exercer que la faculté purement paffive de l'obéiffance, ne devrait être dévolu qu'aux qualités les plus éprouvées. Cette maxime eft fans doute généralement reconnue ; mais les confidérations perfonnelles en rendent fouvent l'application très-difficile. Tout jeune homme ambitieux , qui fe croit quelque titre particulier à la faveur du maître, quelqu'étrangers qu'ils foient aux qualités propres à former un bon chef, s'agite en tous fens pour prouver qu'il eft jufte de fuivre à cet égard le régime du confeil de *Roboame*, où les jeunes gens impofaient aux vieillards. Mais, ô temps ! c'eft toi feul qui formes l'homme, et qui confolides fes talens et fes vertus. On devient grand fans être vain, quand la réflexion, beaucoup de lecture et une teinte d'une bonne philofophie morale , nous ont appris à mefurer, fans prévention , la diftance purement conventionnelle qui fépare un homme d'un autre homme. On eft doux et généreux jufque dans la fermeté la plus inflexible même, quand, doué d'un efprit droit, d'une ame élevée, fenfible et

long-temps exercée dans les chaînes de l'obéiſſance, on
a appris à calculer le bonheur de ſes ſemblables, et à
apprécier le poids de la dépendance. On devient juſte
quand, ſouvent bleſſé ſoi-même par le caprice et l'iniquité
des autres, on a appris, à ſes dépens, à connaître ce que
ces deux principes ont de révoltant et d'abject. On ſe
porte à l'inſtruction, quand on a vu le ridicule et honteux embarras dans lequel ſe jette à chaque pas celui
qui, borné par lui-même à un inſtinct purement mécanique, ou bien à quelques lumières communes, et à la
portée du moins intelligent des hommes, ſe trouve ſans
ceſſe réduit à s'efforcer de couvrir ſon ignorance du
manteau de l'autorité, pour la voiler aux yeux des
hommes plus éclairés qui, par un renverſement dont
la bizarrerie ne peut lui échapper, ſe trouvent ſoumis
à ſon obéiſſance ou témoins de ſes actions. On s'inſtruit
ſurtout, quand l'on a été à portée d'obſerver l'enchaînement d'erreurs et de mauvais effets qu'entraîne, dans
toutes les conditions, le défaut de connaiſſances acquiſes,
et cette roideur d'eſprit et de caractère qui nous les fait
fuir, et déprécier même juſque dans les autres. Enfin, on
devient l'ami et le camarade de ſes ſubordonnés, quand
on a éprouvé le plaiſir de voir la ſupériorité ſe rapprocher de nous dans les momens où elle n'a pas beſoin de
ſe déployer ; et quand l'on a connu, par ſes propres
mouvemens, la ſolide liaiſon que les ſentimens d'attachement, d'eſtime et de reconnaiſſance, produiſent entre
les diverſes parties d'un corps, et la puiſſance majeure
qui réſulte, à la guerre ſurtout, d'une harmonie ſi douce
et ſi flatteuſe pour chacun. C'eſt ſous le commandement
d'un chef qui s'eſt formé à toutes ces vertus, qu'un
corps devient une famille heureuſe, toujours prête à
imiter le courage des trois cents *Fabius*. On ne voit
point alors un jeune homme, à peine ſorti des mains
d'un gouverneur, imaginer que le commandement de
douze cents de ſes ſemblables lui eſt dévolu comme un

champ qu'il tient de fes pères, et dans lequel il lui eft
permis de fouler, labourer, planter, négliger ou arracher à fon gré ; ou bien que ces individus ne lui font
confiés que pour être les échellons d'une ambition
d'autant plus condamnable dans le choix de fes moyens,
que les victimes qu'il immole, enchaînées par la difcipline, ne peuvent jamais employer que de faibles ou
dangereufes reffources pour lui échapper. De deux corps
agiffant féparément, foit à la guerre, foit dans la vie
privée, celui qui s'acquerra le plus de gloire, et qui
fe conciliera le mieux la vénération et l'amitié de fes
compatriotes, fera celui dans lequel l'exactitude de
l'exécution de la loi fera le plus adroitement liée à
l'amour réciproque du chef et des fubalternes. Dans
celui-ci, tout y fera honorable et avantageux pour
l'individu, pour les familles, pour le corps, pour l'Etat ;
l'ennemi feul perdra tout à une fi heureufe conftitution.

Mais, pour que cette harmonie parfaite exifte, il ne
fuffit pas qu'un chef foit doué des plus rares qualités, il
faut évidemment encore qu'il trouve, dans le corps qu'il
commande, un efprit général qui ne s'y oppofe pas.
Or, il n'eft pas difficile de fentir que le nombre et la
diverfité des individus qui le compofent, doivent quelquefois y porter obftacle. L'efprit de corps n'eft caractérifé chez aucune puiffance autant qu'en France. C'eft le
fentiment le plus utile et le plus noble quand il eft
bon ; c'eft le fentiment le plus oppofé à l'ordre et le plus
dangereux quand il eft mauvais : alors, c'eft une efpèce
de monftre coloffal toujours menaçant, et qu'il faut fans
ceffe combattre. Il n'eft point d'action grande ou glorieufe
qu'un bon efprit de corps ne puiffe infpirer et exécuter ;
il n'en eft peut-être pas une mauvaife dont ne foit capable
un corps défordonné. Cette dernière efpèce eft heureufement de la plus grande rareté. Tout corps en général,
ftimulé par le fentiment d'une force et d'une confidération qui réfultent toujours du nombre, penche vers

l'indépendance d'un côté, et vers le defpotifme de l'autre.
Le bon efprit de corps nous éloigne également de ces
deux extrêmes : il nous porte à l'obéiffance fans con-
fentir à l'efclavage, et fait nous faire accorder les égards
de droit, fans infulter, fans opprimer, fans abaiffer
perfonne. On a reconnu que dans des ames bien nées, le
fentiment de leur propre force rend les hommes doux,
flexibles, juftes, prévenans, et furtout généreux ; il
produit le contraire dans les ames faibles et retrécies, et
quand l'efprit d'un corps eft mauvais. Dans ce dernier
cas, un chef fage n'a qu'à combattre, et ne peut que fe
faire haïr. Alors cette fociété, qui devrait être l'image
d'une famille où régnent l'union fraternelle et les plus
belles vertus morales, n'eft plus qu'un chaos de divifions,
d'inimitiés perfonnelles : on n'y trouve prefque jamais
de l'enfemble dans les réfolutions, que pour courir au
bruit, marcher au défordre, concerter quelque orgie. Il
faut venger l'honneur du corps ! c'eft-là le cri de rallie-
ment, le figne d'une confédération générale, pour
repouffer un outrage prétendu qui n'a de réalité que
dans l'imagination échauffée d'un vifionnaire qui a fu
s'emparer de l'opinion des autres, et qui médite une
vengeance éclatante contre quelque individu avec lequel
il a eu un démêlé particulier. Hors ces cas, chacun
fuit une route différente, et ne reçoit la loi que de fon
caprice. L'un veut pouvoir négliger impunément fon
devoir ; l'autre, livré à des paffions qui préparent la
ruine, la défolation, fouvent le déshonneur même
d'une famille diftinguée par fon rang, fa naiffance, une
réputation fans tâche, prétend qu'un chef n'a pas le
droit de veiller fur fes mœurs, et que la liberté naturelle
lui donne celui d'oublier, à fon gré, la raifon et la nature.
Un autre, monté fur des échaffes, concentre dans fa
feule perfonne toute la dignité du corps dont il n'eft
qu'un membre, élève les prétentions les plus ridicules,
et ne répandant autour de lui que du mépris, exige

que chacun l'en paye par les hommages les plus bas
et les moins mérités. Celui-ci, d'un caractère roide,
refuse à l'autorité, sinon une obéissance à laquelle elle
peut toujours le forcer, du moins ces égards libres et
personnels, d'autant plus précieux qu'étant l'expression
de l'estime, de l'amitié et de la reconnaissance, ils
deviennent un besoin pour un chef qui cherche dans ces
sentimens le dédommagement de la pénible fonction
du commandement. Celui-là, pointilleux même avec ses
camarades, est pour eux du commerce le plus inquiet et
le plus dangereux. Cet autre, indiscret et léger, porte le
trouble dans une honnête famille en voulant y porter la
corruption, &c. &c. Il faudrait peindre tous les défauts
de la jeunesse, pour connaître la multiplicité des obstacles
qu'ils opposent quelquefois à un bon esprit de corps et
à l'harmonie si désirable entre le chef et les subordonnés.
Il est évident que dans toute société nombreuse, il se
trouve un plus ou moins grand nombre de ces obstacles ;
ainsi c'est la pluralité des bons esprits particuliers qui
décide du bon esprit de corps : celui-ci fait donc toujours
nécessairement l'éloge individuel de tous ceux qui le
composent. Dans un corps où l'esprit est bon, le tout
veille sur chaque partie ; chacun est dirigé vers son
devoir et vers l'honneur, ou par sa propre impulsion,
ou par celle de ses camarades : c'est un coopérateur sage
et bienfesant de l'autorité ; souvent même il porte l'em-
preinte des soins paternels, en réprimant dans la jeunesse,
avant que le chefs s'en aperçoivent, ces excès qui
mènent au dérangement, ces défauts de caractère qui
rendent malheureux, ces fausses opinions qui rendent
injuste et indiscipliné ; en un mot, la plupart de ces écarts
extérieurs qui blessent le service, les lois importantes et
nos plus chers intérêts. C'est dans des corps ainsi animés
que des supérieurs, à grandes qualités et à grands talens,
trouvent tout ce qui mène à l'harmonie, aux connaissances, à l'activité, à la valeur véritable et utile, à

la gloire morale et militaire ; c'eſt en vivant avec des
corps ainſi organiſés que les citoyens des villes, qui ont
le bonheur de les poſſéder, peuvent véritablement dire
qu'ils habitent à la fois au milieu de leurs amis et des
généreux défenſeurs de l'ordre et de la patrie.

(1) On remarque, avec raiſon, que différentes cauſes
morales et phyſiques concourent, en différentes proportions, avec l'influence des climats à former nos
mœurs, nos penchans, notre génie. Leur combinaiſon
eſt ſouvent telle que l'effet de celle-ci diſparaît entiérement. La même famille, le même toit, dit-on, ont vu
naître deux enfans ; l'un a logé une ame douce dans un
corps robuſte, et l'autre une ame méchante dans un
corps débile. On voit de même le courage et la timidité
dans deux corps également organiſés à l'extérieur, doués
d'une fineſſe égale dans leurs ſens principaux ; et ces
différences, qui éclatent dans la première enfance, ne
laiſſent pas penſer qu'elles ſont produites par les modifications de l'éducation. Voilà donc un principe qui naît
de la ſimple organiſation. Celle-ci peut participer elle-
même de la nourriture, de la qualité du germe produc-
teur, de celle des ſucs qui le développent dans ſon
accroiſſement. L'éducation morale, qui n'eſt qu'une
application des lois de la nature et de la ſociabilité à
notre eſprit et à notre volonté, a néceſſairement encore
le plus grand empire. Nous ne ſavons que ce qu'on nous
apprend. Euſſions-nous même ces idées innées dont
Locke a victorieuſement combattu l'exiſtence, ces idées
feraient toutes uniformes. La curioſité et l'inſtinct imitatif dont la nature doue notre enfance, feraient donc
toujours le véhicule et l'inſtrument de nos connaiſſances
acquiſes, et les borneraient également aux notions
qu'on nous donne. Ainſi les divers préjugés, les divers
beſoins, les différentes habitudes qui diſtinguent les
différentes claſſes des hommes d'une même ſociété
naiſſent

naiffent de l'éducation, dont la puiffance eft telle qu'elle établit une véritable ligne de démarcation qui fait de deux citoyens deux êtres beaucoup plus diffemblables que le font le français et le ruffe pris dans la même condition. On peut compter, parmi les effets de l'éducation, celui qui naît du commerce entre différens peuples, parce que ce commerce n'eft autre chofe que l'éducation de l'exemple. Il en a réfulté quelquefois des mœurs mixtes. Il eft vrai que c'eft *Alexandre* qui prend les coutumes, les goûts et même les habits des Perfes qu'il vient de foumettre ; mais ce n'eft que parce que ces changemens le rapprochent de la volupté, vers laquelle tous les hommes ont une propenfion naturelle. Les Perfes, tranfplantés fur les confins de la mer Glaciale, n'y euffent pas pris les mœurs du Lapon. Les peuples du Nord ont, au contraire, toujours imité les habitudes plus douces des peuples qu'ils ont conquis. Les Gaulois, fans fortir de leur climat, ont emprunté des goûts pernicieux des Romains. Autrefois, dit *Céfar*, les Gaulois étaient plus courageux que les Allemands ; mais depuis que, par le voifinage de la province romaine, ils ont appris à connaître et à introduire chez eux le luxe et les plaifirs, ils ne le difputent plus aux Allemands en bravoure. L'éducation et les lois, obferve un écrivain moderne, font même capables de changer le machinal par l'habitude. Perfonne n'ignore que l'exercice rend les corps robuftes et fouples. Un fauvage des climats brûlans, accoutumé à la chaffe et à une vie dure, renverfera à la lutte l'habitant du Nord qui aura vécu dans la pareffe. *Lycurgue* fit nourrir deux chiens d'une même portée, l'un dans l'habitude de la chaffe, et l'autre dans l'oifiveté domeftique : il les fit combattre devant le peuple de Lacédémone ; le fecond ne foutint pas le combat.

(m) *Helvétius* a traité cette queftion d'une manière très-fatisfefante.

L.

(*n*) Sous le règne de *Jaroſlaf I*, beau-père de *Henri I*, roi de France.

(*o*) Il faut convenir que les diviſions intérieures de l'Empire ruſſe ont contribué à cette révolution.

(*p*) Il n'eſt pas douteux , dit un auteur judicieux , que la manière dont l'imagination eſt affectée , ne l'em‑ porte ſur tout autre pouvoir pour imprimer un caractère. L'imagination agit ſur les organes, et les fait plier auſſitôt qu'elle s'échauffe. On convient que les peuples qui ſont naturellement ſans courage et ſans forces , s'emportent à des actions atroces , qu'ils ſont capables d'une fermeté incroyable. On doit donc convenir auſſi que la manière de tourner l'imagination eſt le plus puiſſant de tous les mobiles. L'éducation et les lois ſont des moyens infaill‑ libles de déterminer l'imagination , et par conſéquent de donner le ton général : c'eſt l'affaire du gouverne‑ ment. Nous ne pouvons nous empêcher d'obſerver ici que ce ſentiment était celui de *Monteſquieu* , quoi‑ qu'on ait eu l'injuſtice de lui attribuer un principe incompatible avec lui. Nous avons déjà analyſé quel‑ ques‑unes de ſes expreſſions ſur cet objet ; mais ne craignons pas de rapporter encore celles qu'il prête à la plume d'*Usbec* , et qui renferment l'énoncé le plus clair. ,, Il en eſt des manières et de la façon de vivre ,, comme des modes : les Français changent de mœurs ,, ſelon l'âge de leur roi. Le monarque pourrait même ,, parvenir à rendre la nation grave s'il l'avait entre‑ ,, pris ; le prince imprime le caractère de ſon eſprit à la ,, cour, la cour à la ville , la ville aux provinces. ,, L'ame du ſouverain eſt un moule qui donne la forme à ,, toutes les autres ,,. Il faut ajouter à cette idée que ce moule eſt , à quelques égards, formé lui-même par les mains des courtiſans auxquels l'éducation d'un prince eſt confiée , et par l'exemple des vertus , des connaiſ‑

fances, ou des vices qui l'entourent dans cet âge où l'ame prend fes impreffions, où les paffions commencent à l'agiter. Ainfi, quelquefois les courtifans, par une adreffe merveilleufe, en paraiffant fuivre les goûts du maître, ne font en effet que fuivre les leurs : ils en ont fait un miroir qui réfléchit à leurs yeux leurs traits les plus chéris. Un grand prince eft donc non-feulement le plus grand bienfait de la nature, mais encore celui des hommes qui lui ont formé le cœur et l'efprit. Pour le bonheur des peuples, il faut le concours de ces deux puiffances ; le défaut de l'une détruit ou affaiblit l'effet de l'autre. Les princes ont cela de particulier, c'eft qu'il n'eft jamais jufte de leur attribuer tous ces défauts, dont ils nous donnent le contagieux exemple, tandis qu'on doit toujours leur faire honneur de leurs vertus. Combien ne font donc pas auguftes et facrés les devoirs des hommes chargés de l'éducation des rois !

L'auteur de l'*Efprit* prouve qu'il eft un art de néceffiter les hommes aux actions héroïques ; que les vices et les vertus d'un peuple font toujours l'effet néceffaire de fa légiflation. » La vivacité des paffions, dit-il, » dépend des moyens que le légiflateur emploie pour les » allumer en nous, ou des pofitions où la fortune nous » place. Les paffions peuvent s'exalter en nous jufqu'au » prodige. *Tous les hommes font donc, en général, fufcep-* » *tibles d'un degré de paffion plus que fuffifant pour les faire* » *triompher de leur pareffe, et les douer de la continuité* » *d'attention à laquelle eft attachée la fupériorité des lumières.* » Ce fut dans l'art d'exciter les paffions qu'*Alexandre* » furpaffa prefque tous les autres grands capitaines ; » c'eft à ce même art qu'il dut ces fuccès attribués tant » de fois au hafard ou à la folle témérité ».

Mais fi la légiflation contribue effentiellement à fixer nos penchans, ce n'eft point des lois févères qui contrarient diamétralement l'habitude que l'on veut détruire, dont il faut attendre l'effet le plus prompt et le plus entier. Elles irritent au contraire, elles provoquent toutes les prévarications fecrètes, et mènent quelque-fois à l'efprit d'oppofition, à la révolte ; plus générale-ment encore elles produifent l'affaiffement de l'ame, l'extinction de toute énergie, de tout intérêt, et font de l'homme un être purement paffif qui, n'ayant plus d'autre mouvement que celui qu'on lui imprime, le rendent femblable au balancier d'une pendule qui ralentit fes vibrations, ou qui s'arrête dès que la plus petite caufe vient déranger ou furprendre l'action de fon grand reffort ; et qui jamais de lui-même ne peut réparer les irrégularités produites dans la marche des aiguilles par le défaut de quelque agent intermédiaire, ou par l'intervention d'un obftacle étranger. C'eft donc réduire une mécanique mixte et merveilleufe, dans laquelle l'intelligence et le reffort moral font les moteurs les plus puiffans et les plus précieux, aux fimples facultés uniformes d'une machine purement phyfique, à celles du canard ou du flûteur de *Vaucanfon*.

Mais, fi tel eft l'effet ordinaire d'une contrainte violente exercée fur nos penchans dominans et favoris, on peut tout attendre des récompenfes utiles ou hono-rables qui déterminent l'action qui leur eft contraire, par l'appât d'une jouiffance. Ce reffort, toujours préfent, toujours également tendu, et à l'abri de toute altéra-tion, eft néceffairement le plus actif de tous. C'eft à l'adminiftration plus ou moins fage des honneurs et des récompenfes qu'on doit, chèz tous les peuples, attri-buer la production des grands-hommes. Exciter l'ému-lation pour entretenir les talens, l'activité et les qualités morales qui les rendent utiles ; échauffer l'imagination par les moyens qui peuvent mettre en jeu et flatter l'amour propre ou l'intérêt : voilà donc le point effentiel vers lequel tend fans relâche et avec force un gouver-nement fage. On ne peut trop le redire, par-tout où ce reffort fe diftend, l'être moral tombe dans le dégoût et dans l'abattement ; plus d'énergie, plus de cet heureux enthousiasme qui élève l'homme au-dessus de lui-même, et qui seul produit les grands effets. Lorsqu'à Rome et à Sparte les distinctions honorables et la fortune se répandirent au hasard, lorsque l'intrigant, l'importun et l'homme riche arrachèrent tous les biens dus à l'homme sage, éclairé, laborieux, modeste, et que celui-ci y fut réduit à l'obscurité, au ridicule, à l'indigence ; c'est alors que la gloire et la puissance de ces deux villes déclinèrent, et qu'on eût pu prédire leur ruine entière et prochaine.

(*q*) En écrivant ceci, j'apprends qu'une loi nouvelle, qui vient d'être accueillie avec acclamation par toute l'armée française, défend d'appliquer, comme précédemment, la punition des coups de plat de sabre aux fautes légères, et qu'elle ne les réserve que pour les cas graves où le délinquant mérite en effet qu'on l'afflige grièvement. Ainsi l'humanité et l'esprit français même ne répugneront plus à l'ordonner. Le gouvernement a réintégré l'opinion nationale dans tous ses droits ; et, par un mouvement de justice éclairée, il a établi la proportion entre la nature de la peine et celle du délit. Il a fait plus ; en proscrivant les injures, les familiarités méprisantes, il a élevé l'état du soldat, sans affaiblir la sévérité de la discipline, toujours conciliable avec les égards dus à l'individu, à l'honneur. Enfin, en prescrivant des bornes au despotisme et à une fureur barbare, à ce maniement trop arbitraire qui s'était introduit dans nos troupes, et qui rendait en quelque sorte un régiment étranger à tous les autres, et la totalité des défenseurs de l'Etat comme étrangers à la nation même, il a tari une source générale de mécontentemens et d'abus nuisibles à l'esprit militaire, à l'ensemble et à l'uniformité qui doivent régner dans une armée. Quel heureux changement s'écrient les grenadiers du régiment

L 3

de ✳✳✳ ! on ne verra donc plus M. de ✳✳✳ s'emporter et
prétendre qu'on a été trop indulgent des trois quarts ,
parce qu'on ne lui préfente qu'une lifte de trois mille
coups de plat de fabre appliqués fur les épaules ou fur
les feffes du régiment , dans notre route de..... C'était
bien le plus rude fuftigeur qui jamais eût pu exercer fa
verge à Saint-Lazare : il était toujours en colère quand
nous étions trop fages , et jamais il ne nous haïffait tant
que quand les autres officiers du régiment nous aimaient
beaucoup, &c. On ne verra plus un M. de.... s'écrier,
avec l'énergie d'un caporal , *mais à l'écart* , ah ! que
n'ofé-je en donner auffi, &c.!..... Excès honteux qui
faites frémir l'humanité et l'honneur, vous venez de
difparaître fous les lois de l'équité et de la générofité
françaife ; allez, perdez-vous dans les abymes du mépris
et de l'oubli, et ne reparaiffez jamais fur notre bel
horizon.

Ainfi, le temps et les lumières folides favent fucceffivement tout réparer. Le caractère purement provifoire
des nouvelles ordonnances, nous permet de prévoir
qu'elles éprouveront peut-être encore, fous la dictée de
l'expérience, quelques autres modifications, qui fimpli-
fieront davantage la vafte mécanique de l'état militaire. Il n'échappera pas à la profonde attention des
légiflateurs , que trop de complication dans les foins
domeftiques , fi je puis parler ainfi , une comptabilité
trop abftraite et trop volumineufe , quoiqu'elle ne puiffe
pas être trop févère , un trop grand nombre de petites
ou grandes opérations purement fifcales ou mercan-
tilles , peuvent non-feulement détourner les efprits et
les inftans de l'objet de l'inftruction militaire , mais
encore devenir embarraffantes , peut-être même impof-
fibles à la guerre. Ce n'eft pas que le régime d'une
famille laborieufe et économe ne préfente des avantages
infinis qui femblent le rendre propre au gouvernement
intérieur d'un régiment ; mais cette organifation doit ,

peut - être même en paix , et dans la ſtagnation des garniſons , ſe rapprocher à certains égards de celle de ces hordes tartares qui, n'ayant point d'habitations fixes , parcourent l'Aſie et l'Afrique , et ſont toujours prêtes à changer de place et à combattre , ſans avoir aucun empêchement à redouter. Telle était encore la ſimpli-cité de ces anciens Scythes dont *Horace* dit :

Scythæ , quorum plauſtra vagas
Ritè trahunt domos.

C'eſt un grand et important principe , confirmé par l'expérience , que plus une machine eſt ſimple , plus auſſi elle eſt durable et propre à compléter ſon effet. Et quelle mécanique a plus beſoin d'être calculée ſur cet axiome , que celle qui eſt ſoumiſe à des déplace-mens continuels , et à éprouver l'intervention d'une infinité de cauſes étrangères vers leſquelles il faut qu'elle dirige et varie ſon action! Juger abſolument de ſa puiſ-ſance en ne la conſidérant que dans l'état de repos , ce ſerait ne point tenir compte de l'obſtacle des frotte-mens , et courir le riſque de ſe trouver dans la néceſſité de la reconſtruire ſur nouveaux frais , après avoir éprouvé mille entraves dangereuſes dans ſes mouve-mens.

Au ſurplus , ce que nous en diſons ici n'eſt qu'une ſimple réflexion d'un homme qui , loin de vouloir s'ériger en juge de pareilles opérations , avoue que la ſolution d'un tel problème eſt en elle même au-deſſus de ſa portée. Elle ne peut être ſuivie et bien approfondie que par les adminiſtrateurs qui en poſsèdent toutes les données , et à l'aide des lumières que leur fourniſſent meſſieurs les officiers généraux, ou les autres obſervateurs qui, ayant mérité la confiance particulière de ſa Majeſté , ſont ſpécialement chargés de rendre compte des effets dont on eſſaye les agens.

L 4

(r) La néceffité de nous former à la conftruction , à l'attaque et à la défenfe des retranchemens , n'eft point contredite par la fupériorité, reconnue dans les guerres paffées, des Français fur les autres nations, dans l'attaque et la défenfe des places de guerre. Dans ce dernier genre , les qualités qui concourent à cet avantage font toujours étayées par la conduite d'un grand nombre d'officiers du génie ; et les tranchées d'un fiége n'ont befoin ni du même fini , ni des mêmes combinaifons de force que les retranchemens de campagne. Les travaux des places font généralement réfolus plus à loifir , et demandent moins de promptitude d'efprit et de profondeur de génie que les autres. D'ailleurs , cette fupériorité n'a été prouvée autrefois , qu'après une expérience acquife par de longs travaux militaires. Aujourd'hui l'armée eft renouvelée en foldats et en officiers ; vingt-fix ans de paix ont placé , entre les vieilles troupes et nous , une génération entière ; et il n'eft pas douteux que nous nous trouverions au-deffous d'une réputation qui , quant aux talens éprouvés , n'eft plus la nôtre , fi nous négligions l'étude et les exercices propres à dévancer et fuppléer l'expérience à la guerre. Enfin , la fupériorité n'eft qu'une qualité fimplement comparative , fouvent encore bien éloignée de la perfection ; et il eft très-important que nos voifins , qui exercent quelquefois leurs armes , tandis que les nôtres fe rouillent dans l'oifiveté , ne faffent pas aujourd'hui vers elle des pas plus rapides que nous. Il n'a fouvent fallu que des circonftances de cette nature , et trop d'indifférence fur des objets effentiels à la puiffance militaire , pour faire paffer la gloire d'une nation chez fon ennemi. La renommée reffemble à ces oifeaux de paffage qui , fuyant toujours loin des lieux froids et arides , ne s'arrêtent dans une contrée qu'autant qu'ils y trouvent, avec un foleil éclatant et plein de chaleur , l'abondance des objets néceffaires à leur nourriture.

(*s*) Il y a des relations qui difent qu'il avait environ foixante hommes.

(*t*) Si cette remarque eft jufte, elle prouve que la géométrie devrait entrer, comme un élément effentiel, dans l'inftruction militaire. Il y a beaucoup de gens qui ont dit qu'elle ne fervait de rien à l'homme de guerre ; c'eft que ces gens n'étaient ni géomètres ni gens de guerre. *Xénocrate* de Chalcédoine, ce philofophe célèbre, et tellement incorruptible qu'il fut le feul citoyen d'Athènes que les magiftrats difpenfaient de confirmer fon témoignage par le ferment ; cet homme rare qui méprifa plus fagement que *Diogène* tout l'or d'*Alexandre*, exigeait de fes difciples qu'ils fuffent des mathématiciens avant que de venir à fon école ; et il renvoya un jeune homme qui ne l'était point, en lui difant qu'*il n'avait pas la clef de la philofophie*. Il eft certain que l'efprit géométrique, l'habitude de nourrir la penfée d'idées toujours exactes, et de ne les exprimer que d'une manière claire et précife, peut être regardée comme la clef de toutes les connaiffances. Elle forme le jugement, lui donne de la méthode, de l'extenfion, de la profondeur ; elle eft par elle-même la logique la plus épurée, la plus sûre, et nous conduit d'un pas égal progreffivement à la connaiffance d'une infinité de propofitions qui ont plus ou moins d'analogie avec les autres fciences. Elle n'eft inutile à perfonne. Le légiflateur, le militaire, le politique, le commerçant, l'homme privé même, tous peuvent en tirer des fecours plus ou moins grands et plus ou moins directs. Je voudrais qu'on étudiât les élémens de cette fcience, pendant les années qu'on facrifie fi inutilement à l'étude du latin. Ceux qui ne la connaiffent pas en font effrayés ; ils l'envifagent comme ces linges d'un blanc éclatant qui, à la faible clarté de la lune, paraiffent être des fpectres aux yeux d'un enfant ignorant et timide. On pourrait

les guérir de même, je veux dire en les menant droit
à l'objet, et en le leur fefant toucher des mains de
l'efprit ; car la géométrie, loin d'offrir des difficultés
pénibles à vaincre, eft une fcience tellement facile,
qu'on peut l'apprendre et s'élever jufqu'à fes vérités les
plus abftraites et les plus fublimes, fans aucun maître.
Elle marche d'un pas toujours circonfpect, avec le
flambeau inaltérable de l'évidence à la main. Une propofition fimple fervant de bafe à celle qui la fuit, rend
celle-ci également fimple à nos yeux ; ainfi l'intelligence avance comme un homme qui monte une échelle,
en fefant toujours des pas égaux en hauteur et en difficultés, et qui ne fe précipiterait que s'il voulait enjamber
du premier échelon au cinq ou fixième. C'eft fans doute
à cette féduifante facilité et à l'infaillibilité de fes réfultats, qu'il faut attribuer cet attrait tellement puiffant
dont elle eft douée, que j'ai connu des perfonnes qui
avaient la paffion de la géométrie et de l'algèbre, comme
d'autres ont celle du jeu ou de la chaffe. Elle a cet
avantage ; c'eft que, loin de nous faire perdre un pas,
nous en obtenons à chaque inftant un trait de lumière
nouveau, qui devient une récompenfe, un gain affuré
que rien ne peut nous ravir, et qui fe multiplie dans
nos mains par mille applications avantageufes.

(*u*) Je ne fais, dit M. de *Châtellux*, fi l'on prend affez
garde parmi nous à cette application des principes des
fortifications, à ceux de la tactique et de la caftraméta-
tion, &c.? Cette expreffion eft modefte, et veut dire que
M. de *Châtellux* favait que non. Il eft plus d'un militaire
qui fe croit un bon tacticien, et qui ne connaît tout au
plus que vaguement les principes de la fortification. Il
en eft peut-être qui répèteraient encore ce plaifant trait
d'un homme de guerre qui, fefant la tournée extérieure
d'une place forte, et fe fentant mouillé par la pluie, fe mit
à courir, en criant à ceux qui l'accompagnaient : *Il pleut*,

messieurs, courons nous mettre à l'abri dans le chemin cou-
vert; et qui les mena au galop dans le fossé, à l'entrée
d'une galerie de mine qu'il avait aperçue.

(*v*) La grandeur physique n'est qu'une espèce d'épou-
vantail dont l'aspect cesse bientôt d'inspirer la terreur,
parce que l'on découvre facilement son impuissance. A
grosseur égale, la fibre la plus courte est la plus forte ;
c'est pourquoi on remarque généralement qu'il y a plus de
vigueur dans les petits hommes que dans les grands : **on**
leur a souvent aussi trouvé plus de courage. Rarement
dans un grand homme la contexture et le calibre des
muscles se trouvent en proportion avec sa hauteur. Il
semble que plus les sucs nourriciers s'éloignent du
centre qui les prépare et les distribue aux extrémités,
plus aussi ils s'affaiblissent en qualité et en quantité dans
les divers endroits où ils se portent. Il ne faut cependant pas en conclure qu'un nain est plus fort qu'un
géant. La nature semble avoir placé aujourd'hui les
bonnes proportions dans l'homme, depuis la grandeur
de cinq pieds trois pouces, jusqu'à celle de cinq pieds
six inclusivement ; et l'expérience a généralement prouvé
que le soldat plus petit de quelques pouces encore que
la première de ces dimensions, valait mieux à la guerre
que celui qui excède sensiblement la seconde. L'homme
élevé manque presque toujours de mollets, de cuisses,
d'épaules ou de poitrine : il n'a gagné dans un sens que
ce qu'il a perdu dans un autre ; la fatigue l'accable aisé-
ment, parce que tous ses mouvemens s'exerçant par
des bras de levier plus longs, la pesanteur des membres
agit avec plus de force aux extrémités, et travaille
davantage les muscles proportionnellement moins forts,
ainsi que les points d'appui et de rotation. La même
cause lui donne aussi moins d'agilité. Les Gaulois qui
furent vaincus en combat singulier par *Manlius Torquatus,*
et par *Valérius Corvus,* étaient des espèces de géans
d'un aspect terrible.

On peut donc dire que la manie des grands hommes n'eſt point militaire. C'eſt un genre de futilité poupinière qui ne peut que récréer la vue, et qui s'éloigne d'autant plus de l'eſprit de la choſe, que cette race d'hommes, étant généralement rare, coûte fort cher à acquérir; qu'on ne peut en faire une certaine collection qu'en les prenant indiſtinctement de tous les pays, et comme on prend de beaux papillons; qu'on ne peut les conſerver qu'en les feſant garder comme les femmes d'un férail, ce qui fatigue et dégoûte tous ceux à qui ce foin eſt confié; que plus libertins et plus recherchés des femmes et des embaucheurs, ils ſont non ſeulement ſuſpects de déſertion, mais encore généralement plus ſoumis aux maladies qui énervent le corps, et moins diſciplinables que les autres; que la portion de nourriture calculée ſur les beſoins d'un homme de moindre taille, ne leur ſuffit pas ordinairement, ce qui les rend ſouffrans, mécontens et ſouvent débiles; et enfin que, par toutes les raiſons précédentes à la fois, la guerre diſſipe en un inſtant une troupe ſi peu forte et ſi peu ſolide. Nous en avons vu l'exemple dans des corps allemands qui ſervaient comme auxiliaires en France; nous l'avons vu dans la compoſition de quelques-uns de nos propres régimens, dont les compagnies colonelles, formées alors des plus grands hommes, garniſſaient plutôt les caiſſons des malades et l'ambulance, que le front d'une bataille. Le roi de Pruſſe, *Frédéric II*, aimait les grands hommes; et par un mouvement d'imitation qu'on ne devrait ſuivre ſans réflexion, tout au plus que pour les modes des femmes, tous les princes de l'Allemagne, et des colonels des autres ſervices ont cherché à imiter ce goût, ſans faire attention que ce n'eſt pas de cette claſſe d'hommes dont *Frédéric* attendait ſes lauriers, et qu'il n'en compoſait, avec une ſorte de complaiſance, que le régiment de ſes gardes. Au ſurplus, j'ai été moi-même à portée de juger, dans les pays que je parcoure, que cette compofition, au lieu de flatter l'œil, le bleffe fouvent par les difproportions : les faux mollets, les couffins fur les cuiffes et fur la poitrine, dont on fait ufage pour les faire difparaître, ne remédient que très imparfaitement à des contours mal deffinés par la nature, et ne font d'une troupe de gens de guerre, dans lefquels devrait briller la vigueur martiale, que des poupées molles, rembourrées de vieux linge.

(1) Tandis que *Céfar* s'arrêtait à Befançon pour fe préparer à la guerre contre les Suèves et contre *Ariovifte* roi des Allemands, les troupes romaines s'entretenant avec les Gaulois et les marchands, ceux-ci leur exagérèrent tellement la haute taille, la valeur, l'expérience dans la guerre, le regard terrible de ces nouveaux ennemis, que la frayeur faifit et troubla fort toute l'armée. Ce mal commença par les principaux officiers, et par ceux qui, par amitié pour *Céfar*, l'avaient fuivi de Rome, mais qui n'entendant que peu le métier de la guerre, croyaient le danger beaucoup plus grand qu'il n'était en effet. *Hic primùm ortus eft à tribunis militum, ac præfectis reliquifque, qui ex urbe, amicitiæ causâ, Cæfarem fecuti, magnum periculum miferabuntur, quòd non magnum in re militari ufum habebant.* On fut jufqu'à dire à *Céfar* que, lorfqu'il ferait donner le fignal de la marche, le foldat effrayé n'obéirait pas, et refuferait de décamper.

Céfar, à la vue d'une confternation fi générale, affembla fes officiers, les reprit vivement, leur peignit la honte de leurs mouvemens et l'erreur dans laquelle ils étaient. Son élocution et fa fermeté réparèrent tout ; il fe fit un changement furprenant dans les efprits ; on vit renaître la joie parmi tous les foldats, et ils ne refpiraient plus que la guerre. Tel eft l'empire du préjugé et l'effet de l'ignorance d'un côté ; et tel eft le pouvoir des lumières et de la fermeté de l'autre. Cet exemple est une de ces leçons importantes qu'un militaire ne saurait trop réfléchir.

(2) Quand il se serait trouvé quelque cas particulier où un art aurait été préjudiciable, dit un philosophe, doit-on pour cela le rejeter ? Tel est le sort des choses humaines, qu'il n'en est aucune qui ne puisse devenir dangereuse dans de certains momens; mais ce n'est qu'à cette condition qu'on en jouit. *Malheur à qui voudrait, par ce motif, en priver l'humanité.*

F I N.